HB Bild atlas

Liebe Leserinnen, liebe Leser!

Der Fotograf Mike Schröder ist in Hamburg zu Hause – für ihn ist es die schönste und fassettenreichste Stadt Deutschlands.

Cornelia Franz, freie Autorin von Reise- und Kinderliteratur, ist gebürtige Hamburgerin. Die Arbeit an diesem Bildatlas hat sie ihre Stadt ganz neu erleben lassen.

›Wer in dieser Stadt hätte bleiben können!‹, seufzte der Dichter Lessing, als er Hamburg den Rücken kehrte. Und ähnlich geht es vielen Besuchern. Es lebt sich gut in der Elbmetropole – mit ihren Jugendstilhäusern in großbürgerlichen Wohngegenden, mit Szenevierteln, in denen es bunt und schrill zugeht, dem Hafen, der nie langweilig wird, und der verrückten Reeperbahn, die viel mehr zu bieten hat, als ihr Ruf verspricht.

Urlaub machen in der Großstadt? Das kann man nirgendwo besser als hier: Segeln auf der Alster, Kanutouren durch die stille Welt der Fleete, die Elbe entlangradeln oder am Strand sitzen und den großen Pötten zuschauen, überall in der Stadt das Grün genießen. Ins Theater gehen oder in eines der gefeierten Musicals, das mit Sicherheit gerade läuft. Einkaufen in den eleganten Passagen der City oder einfach nur im Straßencafé sitzen, so wie es die Hamburger machen – egal, wie das Wetter auch sein mag.

Die Stadt ist im Wandel, und auch das macht es spannend, genauer hinzuschauen. Der Elbrand verliert sein altvertrautes, schmuddeliges Gesicht. Und aus der verträumten Speicherstadt ist eine Event-Meile geworden, das Tor zur HafenCity, einem komplett neuen Stadtteil, der im alten Teil des Hafens entsteht.

Erholsame, aufregende, anregende Tage und Nächte in Hamburg wünscht

Ihr HB-Bildatlas-Team

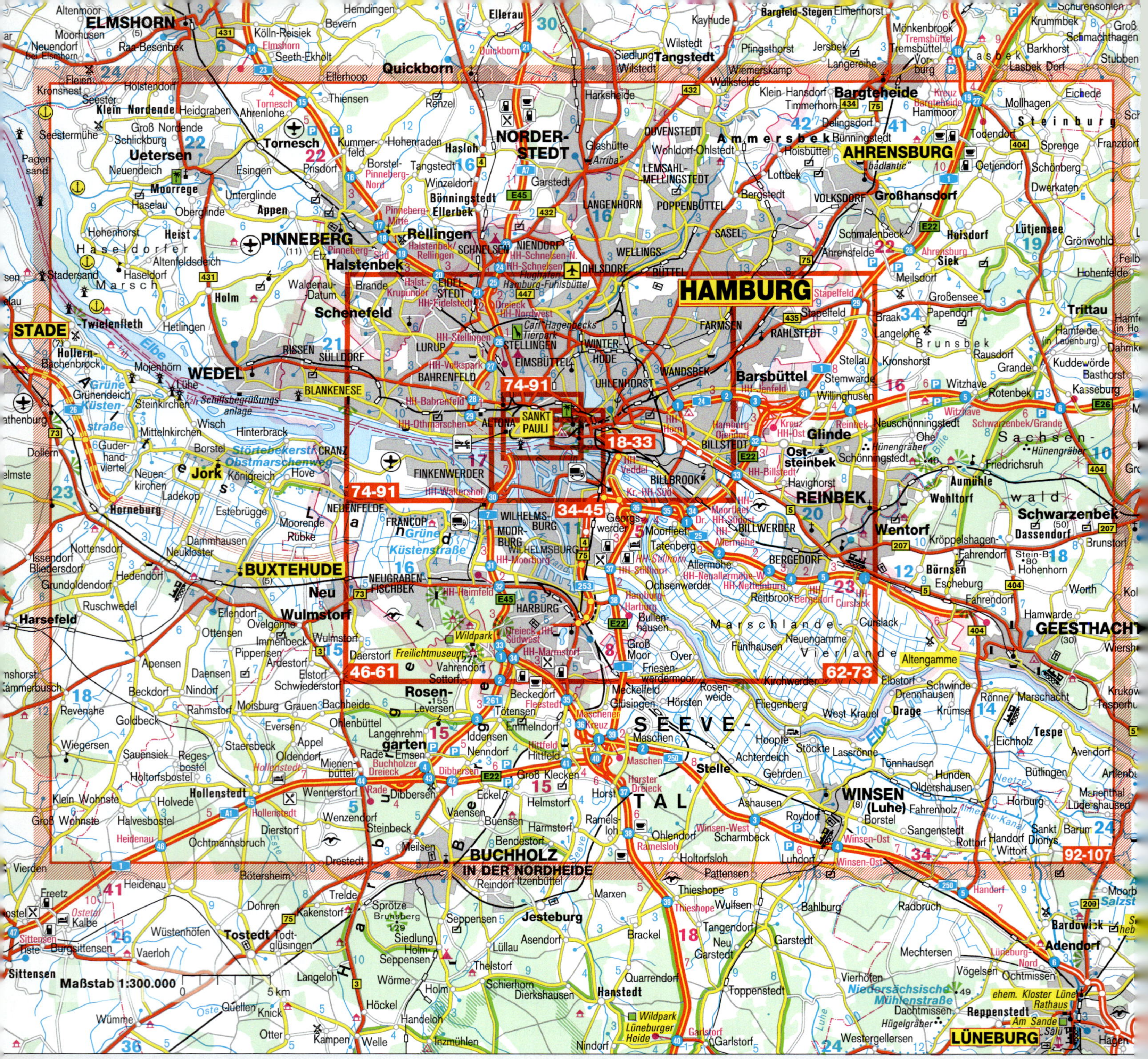

Wer könnte diesem Angebot widerstehen?

Ein See mitten in der Stadt: Allein die Alster macht Hamburg einmalig

Inhalt

TOP ZIEL – Besonders Sehenswert

Die Schöne am Wasser

Es gibt immer noch Leute, die glauben, Hamburg liege am Meer. Das stimmt natürlich nicht. Aber dennoch ist es das Wasser, das den besonderen Reiz der Stadt ausmacht. Die Elbe und die Außenalster, die vielen Kanäle und Fleete – und natürlich die Binnenalster nahe dem Rathaus – begeistern rund ums Jahr die mehr als 2,6 Millionen Gäste.

Die Qual der Wahl

Ob moderne Kunst oder Kitsch, Designermode oder Delikatessen: In den weitläufigen Passagen der Innenstadt wird jeder Wunsch erfüllt. Die Elbmetropole hat von jeher vom Handel gelebt, und der Einkaufsbummel gehört hier zum Lebensgefühl. Allein die City bietet dafür gut 8000 Geschäfte.

Freizeit-kapitäne

Wer selbst Hand ans Ruder legen will, ist auf der Außenalster willkommen. Hier tummeln sich Segler, Kanuten, Ruderer und Tretbootfahrer. Und wer es gemütlicher mag, der lässt sich von einem ›Dampfer‹ der Weißen Flotte über den See schippern.

H
OSTERBEK

Schräges und Schönes

John Neumeier hat Hamburg als Ballettstadt zu Weltruhm verholfen. Aber auch Theater wie das Schauspielhaus und das Thalia machen immer wieder von sich reden. Und für Musicalfans gibt es hier ein Angebot, das von keiner anderen deutschen Stadt übertroffen wird.

POLIZEI
GODIVA

Sportlich, sportlich

Die Weltelite der Triathleten kämpft sich im Sommer durch das kühle Alsterwasser. Seit Jahren versucht Hamburg durch derartige internationale Ereignisse seinen Ruf als Sportstadt zu festigen. Von Radrennen über Marathon bis hin zu Eishockey und Boxen gibt es daher immer etwas zu schauen.

COSCO

Hafen- und Handelsstadt

Der Hafen wächst. Erstmals wurden hier mehr als fünf Millionen Container umgeschlagen. Die ›Blechbüchsen‹ gehören längst zum Bild der Stadt. Vom ›Altonaer Balkon‹ aus lässt sich der internationale Handel als geruhsames Schauspiel genießen.

Die Metropole des Nordens

Italienisches Ambiente mitten im kühlen Norden? Hamburg hat's: venezianische Arkaden, Mailänder Passagen, Kolonnaden à la Bologna, einen florentinischen Palazzo. Und dazu Straßencafés mit Blick übers Wasser. Doch bei aller Leichtigkeit des Seins, auf ihren behäbigen Backstein haben die Hamburger nie ganz verzichtet. Beim expressionistischen Chilehaus, in den modernen Einkaufspassagen oder auf der neu bebauten Fleetinsel, überall begegnet man dem typischen roten Stein der Hanse.

Hamburgs Zentrum liegt an der Binnenalster – mit Alsterarkaden, Jungfernstieg und Lombardsbrücke.

▲ Neorenaissance als Beachvolleyballkulisse: Rathaus

◄ Hamburger Bürgerschaft ▲ Großer Festsaal

▲ Flanier- und Cafémeile Alsterarkaden

▼ Spielt international keine Rolle mehr: die Börse

›Hamburg, das ist die schönste Stadt der Welt!‹ Wenn es um ihre Elbmetropole geht, werden die Hanseaten geradezu leidenschaftlich. Dann wird voller Stolz aufgezählt: die Elbe, der Hafen, die Alster, das viele Grün und die zahlreichen Kanäle, Fleete und Brücken. Und natürlich das Rathaus. Das ist besonders schön, weil es so alt aussieht und so repräsentativ. Für das prunkvolle Innere griffen die Bürger der Wilhelminischen Ära tief in die eigene Tasche. Konnten doch die Herren Senatoren damit deutlich machen, wer in der Hansestadt das Sagen hat. Der verschnörkelte Neorenaissancebau, Sitz des einzigen Feierabendparlaments in Deutschland, tröstet die Hamburger noch heute darüber hinweg, dass sie keine gotische Kathedrale, kein barockes Schloss oder fürstliches Palais besitzen. Hamburg war nie Residenzstadt, hier hielt immer allein der Handel Hof.

Und mit so richtig Altem kann man leider auch nicht aufwarten. Zu oft wurde die Stadt im Lauf der letzten Jahrhunderte zerstört, von Feuer, von Bomben und von der Abrissleidenschaft ihrer Bewohner. Selbst der mittelalterliche Dom, die älteste Kirche Hamburgs, wurde 1804 beseitigt. Das sparte den kühl rechnenden Hanseaten eine Menge Geld, die für die Sanierung nötig gewesen wäre.

Italien an der Binnenalster

So strahlt denn auch die Innenstadt – der Bereich, den der einstige Wallring umschließt – vor allem Geschäftigkeit aus. Hier befindet sich die Börse, hier sind die großen Kaufhäuser und Einkaufspassagen, die teuren Läden am Jungfernstieg und am Neuen Wall zu finden. Und wo das Geld sitzt, da legt man Wert auf zurückhaltende Eleganz. Der Blick über die Binnenalster, die weißen, nach venezianischem Vorbild gestalteten Bögen der Alsterarkaden, die Straßencafés bei der florentinisch anmutenden Alten Post – das sind wirklich schöne Bilder. Manch ein Besucher wirft hier sein Vorurteil von der nüchternen Hansestadt über Bord, sprich ins Alsterfleet.

Und die Hamburger geben sich alle Mühe, ihrer ›italienischen‹ Innenstadt gerecht zu werden: Sie sitzen draußen, auf

▲ Neuer City-Treffpunkt: Fleetinsel am Herrengrabenfleet

▲ Ein Stück Alt-Hamburg: Deichstraße ▼ Binnenalster-Blick vom Jungfernstieg ▲ St. Ansgar auf der Trostbrücke

▲ Afterwork-Drink im ›Café Paris‹ ▼ Abendlicher Inline-Ausgleich auf der Lombardsbrücke

einer der 46 behördlich anerkannten ›Sommerterrassen‹ der City. Sobald die Temperaturen geringfügig über dem Nullpunkt liegen, werden die Stühle rausgestellt und der Cappuccino im Freien getrunken. Zur Not stellt man eben einen Gasofen unter die Regen-, pardon, Sonnenschirme. Und wenn das Wetter so gar nicht mitspielen will, bleiben immer noch die Passagen, wo man im Trockenen flanieren kann. Hamburg hat mittlerweile Mailand den Rang der europäischen Passagenhauptstadt abgelaufen.

SPECIAL

Phoenix aus der Asche

Im Rathaus, das nach dem Großen Brand von 1842 neu erbaut wurde, erinnert der Phoenixsaal an Hamburgs Fähigkeit zum Wiederaufbau. Der Brand zerstörte damals einen Großteil der Stadt, das alte Rathaus musste zur Brandbekämpfung gesprengt werden. Und schon wenige Tage danach begann man mit der Planung der ›Nachbrandarchitektur‹ – ein Begriff, der sogar Eingang in die Kunstgeschichte fand. Prägend für das italienisch anmutende Zentrum war der Architekt Alexis de Chateauneuf, der Rathausmarkt, Alsterarkaden und Alte Post entwarf. Fast alle Spuren des Mittelalters wurden damals verwischt. Hamburg bekam ordentlich angelegte, breite Straßen mit gleichmäßiger Bebauung und ein Kanalisationsnetz. 100 Jahre später lag die Stadt erneut in Schutt und Asche. Im Zweiten Weltkrieg wurde die Hälfte der Stadt zerstört, ein weiteres Drittel der Häuser beschädigt. Am heftigsten wüteten die ›Feuerstürme‹ Ende Juli 1943. Neben dem Zentrum kamen vor allem die Arbeiterviertel Altona, Barmbek, Wandsbek und Hammerbrook zu Schaden, hier blieb kaum ein Haus stehen. Und die Altstadt, bis dahin eine lebendige Wohngegend, wurde durch den Wiederaufbau zu einer reinen Geschäftsstadt.

Immer mehr Shopping

Das jüngste Shoppingprojekt, die Europa-Passage am Ballindamm, ist immer noch nicht unumstritten. Sie schafft eine Verbindung zwischen den Einkaufszonen des Jungfernstiegs und der Mönckebergstraße. Dafür hat sich das traditionelle Bild

◄ *Architektur-Flaggschiff Chilehaus* ▼ *Schnitger-Orgel in St. Jacobi*

▲ Alt-Hamburg um St. Katharinen ▼ Holsten ist Hamburg ▲ Kunst am Bau: Levantehaus

an der Binnenalster verändert. Noch mehr Shopping in der City? Wieder einmal Abriss um des Geldes willen? Die Kritiker sehen sich in der Tradition Alfred Lichtwarks, des ersten Direktors der Hamburger Kunsthalle, der über Hamburg als ›Freie und Abrissstadt‹ spottete. ›Wenn Sie keinen Sinn für das Schöne haben, verlassen Sie bitte unser herrliches Rathaus und ziehen Sie in einen Blechcontainer!‹, wurde Bürgermeister Ole von Beust von Volkes Stimme aufgefordert. Aber auch Denkmalschützer warnten davor, an dem gewachsenen Ensemble zu rühren, nur um ein weiteres Einkaufszentrum zu schaffen. Immerhin, die Proteste haben ein Umdenken bewirkt: Die neue Passage wurde in bescheidenerem Ausmaß realisiert.

Die City erwacht nur langsam

Afterworkclubs und Happy Hour haben es möglich gemacht: Hamburgs Innenstadt ist endlich mehr als nur Geschäfts- und Einkaufszone. Banker und Speditionskaufleute lassen neuerdings ihr Pfeffersackimage im Kontor und nehmen ihre Drinks da, wo sie auch arbeiten: in der City. Die alte Schlachterei von 1882, beim Rathaus um die Ecke, hat sich zum eleganten ›Café Paris‹ gemausert, in der Passage des expressionistischen Chilehauses trifft man sich im ›Sausolito‹, und auch der Alsterpavillon ist wieder salonfähig geworden. Er nennt sich jetzt ›Caféknelpenbarbistrorant‹, durfte aber sein Fünfzigerjahreflair zum Glück behalten. Und sogar die Spitalerstraße, die nach 20 Uhr sonst wie ausgestorben wirkte, hat mit dem ›Vivet‹ jetzt ihre ›Location‹ – wenn auch nur bis 22 Uhr, eine Zeit, zu der in den anderen Stadtteilen das Leben erst so richtig losgeht.

Nein, das Zentrum des Hamburger Nachtlebens ist die City bestimmt nicht. Man muss schon wissen, wo es längs geht, um die richtigen Adressen zu finden: das Promilokal ›Valentino's‹ zum Beispiel oder die Straßencafés vorm Steigenberger Hotel auf der Fleetinsel. Oder auch die Bars am eigentlich so seriösen Ballindamm: das ›Ciu's‹ und das ›Café Wien‹, wo man auf einer umgebauten Hafenschute den Blick über die Binnenalster hinüber zum Hotel ›Vier Jahreszeiten‹ genießt.

▲ *Maritime Architektur: Gruner+Jahr*

▼ *Backsteintradition am Bleichenfleet*

▲ *Aktuelles Bauen: Fleethof ...*

▼ *... und ›Side Hotel‹*

›Schönstes Bürogebäude der Welt‹: Cannes verlieh diesen Titel 2003 an den ›Berliner Bogen‹

Ein wenig Altstadt gibt es noch

Aber auch die klassischen Sehenswürdigkeiten der City sind gut versteckt und nicht allzu zahlreich. Kaum ein Dutzend Bauwerke aus der Zeit vor 1800 blieb erhalten. Und das liegt nicht nur an der Abrisswut der Hanseaten. Schließlich wurden beim Großen Brand von 1842 zwei Drittel aller Häuser innerhalb des Stadtwalls zerstört. Das Feuer brach in der Deichstraße aus und wütete drei Tage lang. Doch ausgerechnet die Deichstraße mit ihren Fachwerkhäusern ist heute eines der wenigen historischen Ensembles der Stadt.

SPECIAL

Hamburg baut rot

Neubauten sind in Hamburg nicht immer gleich als solche zu erkennen. Und das liegt am Backstein, jenem roten Ziegel, der je nach Lichteinfall eine andere Wirkung hat. Bei tief stehender Sonne scheint er warm und lebendig, bei Schmuddelwetter eher düster. Seit dem 12. Jahrhundert wird in Norddeutschland in Ermangelung natürlicher Baumaterialien der rote Backstein verwendet. Jahrhundertelang baute man in Hamburg Bürgerhäuser, Speicher, Kirchen und Fabriken aus den wetterfesten Ziegeln. Nach dem Großen Brand 1842 wurden helle klassizistische Fassaden oder gelber Backstein Mode. In den 1920er-Jahren kam die Rückbesinnung, entstand mit dem Kontorhausviertel in der Altstadt ein neuer Backsteinstil: kühne Formen und kunstvolle Fassaden, wie etwa am expressionistischen Chilehaus oder am Sprinkenhof. Auch beim Wiederaufbau nach 1945 spielte der Ziegel eine prägende Rolle. Ganze Stadtviertel wurden mit Wohnblöcken aus Backstein errichtet. Und auch in den letzten Jahrzehnten behielt der rote Stein seine Bedeutung – so bei der Bebauung der Fleetinsel, an der Kehrwiederspitze oder am neuen Elbrand. Ausnahmen wie das Gruner+Jahr-Verlagshaus (1990) oder das bogenförmige Bürohaus am Berliner Tor (2002) fallen da besonders auf.

Hier, am Nikolaifleet, und in der nahen Reimerstwiete ist das alte Hamburg noch erkennbar. Die Speicher an der Rückseite der backsteinernen Kaufmannshäuser konnten vom Fleet aus beladen werden. Da kamen die Güter aus aller Welt an – noch

▲ Blick vom ›Theater im Hafen‹ zum ›Michel‹

▲ Patron St. Michael bekämpft den Drachen

▼ Der ›Michel‹ ist eine der größten evangelischen Kirchen

▲ Neubarocker Spiegel seiner Zeit: St. Michaelis

▼ ›Irish Pub‹ Großneumarkt

heute gibt es in der Deichstraße einen Laden mit ›Kolonialwaren‹.

Vom Rathaus sind diese historischen Straßen nicht weiter entfernt als der Hauptbahnhof. Dennoch liegen sie im Bewusstsein der Hamburger ›ab vom Schuss‹. Dafür hat in den 1950er-Jahren der Bau der sechsspurigen Ost-West-Straße gesorgt, die – ohne Sinn für Ästhetik – die Innenstadt durchschneidet.

Viel Neues in der Neustadt

Auch Hamburgs bekannteste Kirche, der ›Michel‹, liegt an dieser ungeliebten Autobahn – die zwar seit Jahren schon Ludwig-Erhard-Straße heißt, für die Hamburger aber immer die Ost-West-Straße bleibt. Man muss schon gute Ohren und viel Muße haben, um in dem Verkehrsgetöse die zarten Trompetenklänge zu hören, die vom Michel herunterschallen. Zweimal am Tag, um 10 Uhr morgens und um 21 Uhr abends, sonntags auch um 12 Uhr, steht dort oben der Turmbläser und spielt seinen Choral. Für die Menschen in der Neustadt ist er eine Institution, auch wenn sie ihn wahrscheinlich nie zu Gesicht bekommen haben.

Aber jenseits dieser 300 Jahre alten Tradition hat auch die Neustadt – mit immerhin mehr als 400 Jahren auch nicht mehr die Jüngste – nicht viel Altes zu bieten. Die meisten Häuser entstanden nach dem Zweiten Weltkrieg, bis in die 1990er-Jahre wurden brachliegende Flächen bebaut. Dabei erhielt die Fleetinsel zwischen Herrengraben und Alsterfleet eine fast völlig neue Gestaltung. Stadtbaudirektor Fritz Schumacher, der nach 1909 für das Comeback des Backsteins verantwortlich zeichnete, wäre angesichts der neuen klinkerroten Großzügigkeit sehr zufrieden.

Übrigens ist der Fleetmarkt inmitten der Insel einer der ältesten Plätze der Stadt – aber er gehört ihr nicht mehr. Als einer der ersten öffentlichen Räume Deutschlands wurde er, ähnlich dem Potsdamer Platz in Berlin, privatisiert. Das heißt, in bewährter pfeffersäckscher Manier, zu Geld gemacht. In anderen Stadtteilen Hamburgs hätte das zu Protest geführt. Hier, in der Innenstadt, wo Büros, Banken und Business den Alltag bestimmen, ist das gar nicht weiter aufgefallen.

Außenalster
Binnenalster
Kennedybrücke
Lombardsbrücke
An d. Alster
Alle Straßen zwischen Großer Burstah und Mönckebergstr. (incl.) Wallringtunnel, Lombards brücke, Gorch-Fock-Wall, Caffamacherreihe und Stadthausbrücke (excl.) sind für LKW über 6t zul. Gesamtgewicht werktags von 10-18h gesperrt.
Alsterpavillon
Jungfernstieg
Jungfernstg.
Hbf.-Nord
Hauptbhf.
R10,20,30
R40,50,60
Mönckebergstr.
Rathaus
Börse
Rathausmarkt
Gänsemarkt
Stephanspl.
Esplanade
Colonnaden
Gorch-Fock-Wall
Holsten-wall
Kaiser-Wilhelm-Str.
Ludwig-Erhard-Str.
NEUSTADT
ALTSTADT
Ost-West-Str.
Steinstr.
Meßbg.
Stadthsbr.
Rödingsmarkt
Oberbaumbrücke
Oberhafen
HAFENCITY
Brooktorkai
Bei den Mühren
Binnenhafen
Baumwall
Johannis-bollwerk
Vorsetzen
Kajen
Maßstab 1:9.500
200 m

Infos

Gewölbe mit Tradition: Auch unter Hamburgs Rathaus liegt ein ›Ratsweinkeller‹

Um die Binnenalster 1–5

Die 18 ha große **Binnenalster** 1 wird durch die Kennedy- und die Lombardsbrücke von der Außenalster getrennt. Sie entstand beim Bau der die Alt- und Neustadt umfassenden ›modernen‹ Befestigungen (1616–1628), die Hamburg zu einer der stärksten Festungen Europas machten. Am Westufer dominiert das 1897 gegründete Luxushotel ›Vier Jahreszeiten‹.

Sehenswert: Der **Jungfernstieg** 5, das Südufer, ist eine der ältesten Straßen Hamburgs und war ursprünglich ein Staudamm zum Betrieb einer Mühle. Seinen Namen erhielt er im 17. Jh., weil die Damenwelt hier gern promenierte. Heute ist der Jungfernstieg mit den Querstraßen **Neuer Wall** und **Große Bleichen** luxuriöse Einkaufsmeile. Um seinen Boulevardcharakter wieder stärker deutlich zu machen, wird er zur Alsterseite hin umgebaut. Nördlich schließen sich die **Colonnaden** 2 von 1878 mit ihrem Arkadengang an; die Fassadenpracht der Flanierstraße gibt das bürgerliche Selbstbewusstsein der Gründerzeit wieder. Der nahe **Gänsemarkt** 3, aus sieben Richtungen erreichbar, ist einer der zentralen Plätze der Innenstadt; auf ihm wurden im 17. Jh. die Gänse zusammen- und anschließend durch das Dammtor auf die Weide getrieben. Das 1881 erbaute **Lessingdenkmal** erinnert daran, dass am Gänsemarkt das Nationaltheater stand, in dem Gotthold Ephraim Lessing als Dramaturg und Kritiker gearbeitet hatte (1767–1769). Durch elegante Einkaufspassagen wie die **Gerhofpassage** und das **Hanseviertel** 4 gelangt man zum Rathausmarkt.

Rund um das Rathaus 6–8

Das Stadtzentrum mit Rathaus und Rathausmarkt wurde im Großen Brand von 1842, durch den 20% der Bevölkerung obdachlos wurden, fast völlig zerstört. Maßgeblicher Gestalter des Wiederaufbaus zwischen Deichstraße und der Straße Brandsende wurde der aus einer französischen Emigrantenfamilie stammende Hamburger Architekt Alexis de Chateauneuf (1799 bis 1853).

Rathaus 8: Rund 40 Jahre hat es gedauert, bis man sich auf ein Konzept einigen konnte: TOP ZIEL Erst 1897 wurde der sechste Rathausbau Hamburgs, von Martin Haller und weiteren sechs Hamburger Architekten entworfen, eingeweiht. Er ruht auf über 4000 in den sumpfigen Untergrund getriebenen Eichenpfählen. Die reich verzierte Fassade wird, ganz unhanseatisch, von 20 Kaiserstatuen geschmückt und von einem 122 m hohen Turm in der Mitte geteilt. Im prunkvollen Inneren befinden sich 647 Räume – sechs mehr als im Buckingham-Palast.

Einer davon ist der **Saal der Hamburger Bürgerschaft**: Das Feierabendparlament des Stadtstaates aus 121 Abgeordneten tritt alle 14 Tage Mi. bzw. Mi. und Do. jeweils ab 17.00 Uhr zusammen; die Sitzungen sind öffentlich (Eintrittskarten bei der Bürgerschaftskanzlei, Tel. 428310; Führungen alle 30 Min. Mo.–Do. 10.00–15.00, Fr.–So. 10.00–13.00 Uhr, Anmeldung für größere Gruppen Tel. 428312064. Info-Tel. wegen eventueller Schließungen 428312470).

TIPP

Die Rathauspassage

Sozialarbeit im Untergrund: Mit Hilfe des Diakonischen Werks hat sich in dem ehemals verwahrlosten Zugang zum S-Bahnhof Jungfernstieg ein Projekt zur Eingliederung von Langzeitarbeitslosen in den Arbeitsmarkt etabliert. Mit viel Engagement entstand in der Passage ein lebendiges Forum: ein Bistro mit integriertem Buchantiquariat, ein Kiosk, ein Secondhandladen, eine Außenstelle der Tourist-Information sowie ein Stand der Kirchen. Vor allem bei schlechtem Wetter ein praktischer Ruhepunkt für eine Kaffeepause.

Der von Gottfried Semper und Chateauneuf gestaltete **Rathausmarkt**, ›Kern des Kunstwerks Hamburg‹ (Fritz Schumacher), erinnert an große italienischen Renaissanceplätze – wenn er nicht gerade durch Veranstaltungen wie das Stuttgarter Weinfest, das Film-Fest, das Alstervergnügen oder den Weihnachtsmarkt zum Rummelplatz wird. Am südlichen Ende steht seit 1982 das Heinrich-Heine-Denkmal von W. Otto.

An der Rückseite des Rathauses am Adolphsplatz befindet sich die **Börse** (1839–1841), eines der wenigen Gebäude, das 1842 nicht abgebrannt ist bzw. zur Schaffung von Brandschneisen gesprengt wurde. Ein Parketthandel findet im Computerzeitalter hier nicht mehr statt. Einen Blick in das Gebäude kann man von der benachbarten **Handelskammer** aus werfen.

Umgebung: Am Bleichenfleet ragt der Eckturm der **Alten Post** 6 empor. Das nach Plänen von Chateauneuf errichtete Gebäude (1845 bis 1847) schafft es, toskanische Renaissance-Elemente mit nordischer Spätgotik zu vereinigen. Bis 1971 wurde der Bau als Post genutzt und birgt heute Büros und eine Ladenpassage hinter seiner Fassade.

Auf dem Weg vom Rathaus Richtung Jungfernstieg ziehen sich die **Alsterarkaden** 7 am Alsterfleet entlang. Sie wurden ebenfalls von Chateauneuf nach venezianischem Vorbild entworfen (1844–1846) und beherbergen heute edle Geschäfte und Cafés. Ein modernes Pendant aus Stahl und Glas verläuft in die Gegenrichtung.

Mönckebergstrasse 9–12

Der 30 m breite Einkaufsboulevard 10 wurde 1908–1911 als Verbindung zwischen Rathaus und Hauptbahnhof durch das ehemalige **Gängeviertel** gebaut und entwickelte sich mit seinen Kontorhäusern und Ladenetagen schnell zum Herzstück der Geschäftsstadt. Benannt ist er nach Bürgermeister J. G. Mönckeberg (1839 bis 1908), der den Bau vorantrieb und dem auch der Mönckebergbrunnen (1913, Skulpturen bis 1926) gewidmet ist.

Sehenswert: Da erstmals in Hamburg eine Kunstkommission den Entwurf der Häuser beeinflusste, entstanden einige sehenswerte **Bauten**, u.a. das Hammoniahaus (Nr. 5), das Levantehaus (Nr. 7) und der Barkhof (Nr. 8–12) – es lohnt, einmal den Blick von den Schaufenstern fort auf die Fassaden zu lenken.

Aus einem ehemaligen Pferdemarkt wurde der Gerhart-Hauptmann-Platz, von wo es nur ein paar Schritte zum 1843 gegründeten **Thalia-Theater** (1911/1912, s. S. 71) sind.

Es fallen zwei Kirchen auf. Die **Hauptkirche St. Petri** ⑨ mit dem spitzen Grünspanturm ist das älteste Gotteshaus der Stadt, geht vermutlich auf eine von Karl dem Großen 810 oder 811 errichtete Taufkirche zurück. Nach dem Großen Brand von 1842 wurde das Gotteshaus aus dem 14./15. Jh. wieder aufgebaut. Benachbart erinnert das **Hulbehaus** (Neorenaissance, 1911) an den ›Hamburger Heimatstil‹. Die **Hauptkirche St. Jacobi** ⑪ (ab 1340, südl. Seitenschiff um 1500) fiel dem Zweiten Weltkrieg zum Opfer, wurde aber bis 1963 rekonstruiert. Ihre Hauptattraktionen sind der Lukas-Altar (um 1500) und die 1993 restaurierte Arp-Schnitger-Orgel (1689 bis 1693), größte und wohl auch bedeutendste erhaltene Orgel dieses Orgelbaumeisters.

Kontorhausviertel: Südlich der Jacobikirche liegt rund um den Burchardplatz das **Kontorhausviertel**. Es entstand in den 1920er- und 1930er-Jahren nach Abriss des **Gängeviertels**. Extrem dichte Bebauung mit engsten Gassen, durch die kein Fuhrwerk passte, war für dieses Elendsquartier bezeichnend; zuletzt hatte 1892 die Cholera hier Tausende von Todesopfern gefordert. Robert Koch, als Berater in Seuchenfragen nach Hamburg gerufen, zeigte sich erschüttert über sanitäre Zustände, wie er sie selbst im Orient nicht angetroffen hätte. Das unübersichtliche, hafennahe Viertel zwischen Spitalerstraße und Messberg war Hochburg der organisierten (Hafen-) Arbeiterschaft und somit den herrschenden Großbürgern ungelegen – und vor allem von den Nazis wurde ein Abriss betrieben. Auf dem Gelände entstand das erste geplante Büroviertel der Hansestadt – ein Triumph des verschiedenfarbigen Backsteins, der sich hier für ausdrucksstarke Fassaden bewährte. Berühmt wurde das an einen gewaltigen Schiffsrumpf erinnernde **Chilehaus** ⑫ von Fritz Höger (1922–1924); das größte Kontorhaus ist der benachbarte **Sprinkenhof** (1927–1943; Höger und Gerson) mit seiner netzwerkähnlich geschmückten Fassade, südlicher Abschluss der **Messberghof** (1923–1925).

Als interessanter Kontrast steht am **Klingberg** (Nr. 1) die 1907 im Stil barocker Hamburger Bürgerhäuser errichtete Polizeiwache.

TIPP

Hamburg mal anders

Trauen Sie sich nicht alleine in eine schummerige Kiezkneipe? Soll es lieber quer durch die Innenstadt zu ›Kaufmannsstolz und Katastrophen‹ gehen oder auf den Spuren von Hans Albers durch St. Pauli? ›Stattreisen‹ und ›St. Pauli Landgang helfen weiter. Geboten werden thematische Rundgänge oder Fahrradtouren etwa durch die Speicherstadt, das Kontorhausviertel oder St. Pauli bei Tag und bei Nacht (Stattreisen Hamburg e.V., Bartelsstraße 12, 20357 Hamburg, Tel. 4303481, Fax 4307429, www.stattreisen-hamburg.de; Landgang St. Pauli, Mediadeck/Rödingsmarkt 14, 20459 Hamburg, Tel. 31794934, Fax 3193856, www.stpauli-landgang.de).

145 Meter hohes Mahnmal: St. Nikolai

Altstadt ⑬–⑮

Als Altstadt wird heute der Bereich zwischen Binnenalster, Hauptbahnhof, Speicherstadt und Herrengraben-/Bleichenfleet bezeichnet. Sie schließt auch die Ende des 12. Jh. von Adolf III. von Schauenburg in Konkurrenz zur erzbischöflichen Stadt gegründete ›gräfliche Neustadt‹ um St. Nikolai ein. Am beide trennenden Nikolaifleet hat der Hamburger Hafen seinen Ursprung; hier mündete das Flüsschen Bille in die Alster, die ihrerseits wieder der Elbe zufloss. Möglich wurde die Hafengründung durch einen Freibrief Kaiser Friedrichs I. Barbarossa vom 7. Mai 1189. Der Brief war eine Fälschung – was die Stadt jedoch nicht daran hindert, alljährlich im Mai den Hafengeburtstag zu feiern.

Sehenswert: In der **Deichstraße** ⑮ begann 1842 der Große Brand, und doch sind in diesem Sträßchen dank eines rührigen Vereins noch schöne Fassaden aus dem 17. und 18 Jh. erhalten. Die Kneipe ›Zum Brandanfang‹ gilt als älteste Schankwirtschaft Hamburgs.

Auch im parallel verlaufenden **Cremon** und in der **Reimerstwiete** sind noch alte Fachwerkhäuser zu sehen. Die Kirche **St. Katharinen** ⑬, im 13. Jh. gegründet, hatte um 1450 ihre heutige Größe erreicht. Sie musste nach 1945 fast völlig neu errichtet werden.

SPECIAL

Aalsuppe und Schietwetter

In einer Stadt, in der traditionell Seemannsgarn gesponnen wird, halten sich Legenden besonders hartnäckig; man nennt sie hier ›Tüddelkram‹. Dazu zählt, dass man in Hamburg ständig Aalsuppe und Labskaus mit Rollmops isst oder dass sich die Einheimischen hier ›Hummel, Hummel‹ zurufen, um dann ›Mors, Mors‹ zu hören. Auch stolpert kaum noch ein Hamburger über den s-pitzen S-tein, und Missingsch, die liebenswerte Mischung aus Platt- und Hochdeutsch, ist auch immer seltener zu hören. Allerdings: Ein Vorurteil ist leider keine Legende – das Schietwetter. Auch wenn die Statistik Hamburg weniger Niederschlag als München bescheinigt: Im Norden nieselt es oft tagelang vor sich hin, anstatt einmal kräftig loszuregnen.

Jenseits des Nikolaifleets reckt sich an der Ost-West-Straße ein schwärzlicher Kirchturm in die Höhe, das **Mahnmal St. Nikolai** ⑭. Eine erste Kapelle stand hier schon 1195; aus ihr wurde in den folgenden Jahrhunderten eine große dreischiffige Hallenkirche. Auch sie fiel dem Bombenhagel zum Opfer. Nur der Turm blieb, und man beschloss, den immer noch dritthöchsten Kirchturm Deutschlands als Mahnmal für den Frieden stehen zu lassen. Im Keller der Ruine ist ein Dokumentationszentrum eingerichtet, das durch eine gläserne Pyramide betreten wird (Mo.–Fr. 10.00–17.00, Sa. und So. 11.00–16.00 Uhr). Nebenan führt die **Trostbrücke** über das Nikolaifleet; sie war einst die erste Verbindung zwischen Alt- und Neustadt. Flankiert wird sie von den Kontorhäusern **Laeiszhof** (1898) des Reeders Ferdinand Laeisz und **Globushof** (1907), auf dessen Dach zwei Koggen glänzen, und die **Patriotische Gesellschaft** (1844–1847), die gotisierend restauratives Gedankengut spiegelt. Seit 1883 erinnern **Brückenfiguren** an Ansgar, den ›Apostel des Nordens‹, und an den schauenburgischen Stadtgründer.

Neustadt ⑯–⑲

Die Stadterweiterung im 17. Jh. machte das bislang westl. der alten Befestigungsanlagen (deren ungefährer Verlauf heute durch den Neuen Wall bzw. die Admiralitätstraße gekennzeichnet ist) gelegene Siedlungsgebiet zum Teil der inneren Stadt. Militärische Erwägungen gaben dabei den

Infos

Ausschlag, denn die 30 m hohe Anhöhe um St. Michaelis sollte integriert werden, um eine Beschießung Hamburgs von dort auszuschließen. Zu Beginn des 19. Jh. waren die Befestigungen militärtechnisch überholt und wurden teilweise in Grünanlagen umgewandelt (Alter Botanischer Garten, Wallanlagen, Elbpark). Die Neustadt war immer Wohngebiet ärmerer Leute; auch hier entstanden berüchtigte, im 19. und 20. Jh. sanierte Gängeviertel mit entsprechenden sozialen Folgen. Im Gegensatz zur Altstadt blieb die Neustadt bis heute auch Wohngebiet.

Sehenswert: Mittelpunkt der Neustadt ist der **Großneumarkt** (18). Ursprünglich diente die von Johann van Valckenburgh angelegte Freifläche als Alarm- und Aufmarschplatz; der tempelartige Brunnen in seiner Mitte wurde 1704 errichtet. Heute wird hier Mi. und Sa. ein Wochenmarkt abgehalten. Der Platz ist durch die zahlreichen umliegenden Restaurants und Kneipen – rund 30 an der Zahl – vor allem abends ein beliebter Treffpunkt. Auch der ›Cotton Club‹, ein legendäres Jazzlokal, liegt in der Nähe (Alter Steinweg 10).

In der **Peterstraße** (19) wurde zwischen 1966 und 1982 mit Geldern der Toepfer-Stiftung eine ›Traditionsinsel‹ errichtet. Um das renovierte Beyling-Stift von 1751 wurden Nachbauten großbürgerlicher Stadthäuser aus anderen Stadtteilen zu einem Gesamtbild zusammengefügt. Historisch hat ein solches Ensemble nie existiert. Das Haus Nr. 39 beherbergt eine Gedenkstätte für den in Hamburg geborenen Komponisten Johannes Brahms (1833–1897; s. S. 71). An das Gängeviertel erinnert Restbebauung aus dem 18. und 19. Jh. im **Bäckerbreitergang**.

Fleetinsel: Der **Fleethof** (16) am Übergang von Neustadt zur Altstadt war über Jahre städtebaulich heftig umstritten. Die alte Bebauung

Ein Blick ins alte Hamburg: Krameramtsstuben

Ein Nachklang barocker Zeiten: Klingberg 1

(ab 18. Jh.) der Fleetinsel zwischen Stadthausbrücke und Baumwall am Hafen mit Speichern und Kontorhäusern wurde im Zweiten Weltkrieg zerstört; 1990 begann die Neubebauung. Mittlerweile hat sich der Platz vor dem ›Steigenberger Hotel‹ durch die umliegenden Restaurants zu einem neuen City-Treffpunkt entwickelt. Als südlicher Abschluss und Blickfang steht am Baumwall das **Slomanhaus** (1909 und 1922), an dessen Entwurf auch Fritz Höger mitwirkte. Stilistische Anleihen bei Schiffbau und Hafenarchitektur präsentiert das benachbarte Verlagsgebäude von **Gruner + Jahr**.

1911 wurde die **Hamburger Hochbahn AG** gegründet, u. a. um die neuen Wohnviertel in Eimsbüttel, Barmbek oder Rothenburgsort mit dem Hafenbereich und dem Kontorhausviertel zu verbinden. Am Baumwall und Vorsetzen ist ein bemerkenswerter Teil des stählernen Viadukts aus den Anfangszeiten zu sehen.

St.-Michaelis-Kirche (17): Der ›Michel‹ ist eines der bedeutendsten Wahrzeichen Hamburgs. TOP ZIEL Der erste Kirchenbau aus dem 17. Jh. fiel 1750 einem Blitzeinschlag zum Opfer. Bis 1762 wurde nach Plänen von Ernst Georg Sonnin und Johann Leonhard Prey ein gewaltiger Saalbau in Form eines griechischen Kreuzes errichtet. 1906 erneut bis auf die Außenmauern abgebrannt, konnte er dank Spenden aus der Bevölkerung nach den Originalplänen wieder aufgebaut werden. Das Gewölbe über dem hellen barocken Innenraum ruht auf vier Pfeilern und ermöglicht so von allen 2500 Sitzplätzen aus einen freien Blick auf die marmorne Kanzel. Sehenswert sind außerdem der 20 m hohe Marmoraltar, der barocke Opferstock von 1763 sowie die Steinmeyer-Orgel, mit 6665 Pfeifen die größte in Hamburg. Spektakulär ist der Blick von der 82 m hoch gelegenen Aussichtsplattform (Turmbesteigung Mo.–Sa. 10.00–18.00 Uhr). Dort bläst der Trompeter (tgl. 10.00 und 21.00 Uhr). Auf dem zweiten Turmboden wird eine Multivisionsschau zur Hamburger Geschichte geboten (Do.–Sa. halbstündl. 12.30–16.00 Uhr). Bis etwa 2007 wird die momentane Renovierungsphase dauern (voraussichtliche Kosten 10 Mio. Euro).

Die **Krameramtsstuben** wurden Mitte des 17. Jh. zu Füßen des ›Michel‹ als Wohnungen für arbeitsunfähige Kramer, also kleine Kaufleute und Detailhändler, und deren Witwen gebaut. Kaum anderswo bekommt man einen besseren Eindruck vom alten Hamburg als in dieser versteckt liegenden Gasse. Eine Besonderheit sind die spiralförmigen Schornsteine, wodurch der Funkenflug in dem dicht besiedelten Gebiet vermindert wurde. Das Museum in der Kramer-Witwen-Wohnung gibt einen kleinen Einblick in den damaligen Alltag (Di.–So. 10.00–17.00 Uhr).

SPECIAL

Brücken und Fleete

Dass Hamburg die Stadt mit den meisten Brücken auf der Welt ist, verwundert nicht bei der Dominanz, die das Wasser hier hat. 230 ›richtige‹ Brücken gibt es. Zählt man alle Stege und Übergänge mit, sind es sogar über 2400. Die älteste Steinbrücke ist die Zollernbrücke (1633) Ecke Ost-West-/Domstraße, die spektakulärste die Köhlbrandbrücke von 1974, die neueste der seit 2002 zur Speicherstadt führende Kibbelsteg. Die Fleete (niederdeutsch fleten = fließen) waren ursprünglich Mündungsarme von Alster und Bille in die Elbe oder Überlaufgräben des Alsterstausees. Sie bildeten ein Netz aus insgesamt 29 Wasserstraßen, die den Hafen mit den Speichern der Handels- und Wohnhäuser verbanden. Fatalerweise wurden sie auch als Müllkippe und Fäkaliengrube genutzt – und so lag ständig ein Fäulnisgestank über der Stadt. Da bis ins 19. Jh. viele Menschen ihr Trinkwasser aus den Fleeten bezogen, drohten ständig Epidemien; ungenutzte Fleete wurden deshalb zugeschüttet. Heute sind in der Innenstadt noch fünf übrig geblieben: Herrengrabenfleet, Bleichenfleet, Nikolaifleet, Mönckedammfleet und Alsterfleet.

MH'W
Штандартъ
Санктъ-Петербургъ

Deutschlands Tor zur Welt

Der Hafen verändert sich, das Fernweh bleibt. Windjammer und Stückgutfrachter ankern nur noch als Museumsschiffe im Hafen. Aus Kaianlangen sind Hightech-Terminals geworden. In der alten Speicherstadt werden keine Bananen mehr gelagert, sondern Vernissagen eröffnet. Und dennoch weckt der große Strom immer noch die Abenteuerlust.

›Der Masten Wald …‹: Erinnerungen werden wach, wenn die letzten Großsegler zum Hafengeburtstag einlaufen.

▲ *Schiff im Dock: Auch moderne Technik ...* ▼ *... muss überholt werden*

◀ *Maritime Schönheit* ▲ *Container sind aus einem modernen Hafen nicht mehr wegzudenken*

▲ *Arbeitsplatz in luftiger Höhe* ▼ *Über 6500 Container auf fast 300 Metern Schiffslänge*

Der Streit ist alt: Wo ist Hamburg am schönsten, an der Alster oder an der Elbe? Die Antwort ist Temperamentssache. Die Alster beruhigt, bietet Balsam für die Großstadtseele. Die Elbe ist aufregend, pulsierend, im ständigen Wandel. Wer von den Landungsbrücken Richtung Speicherstadt geht, erlebt ein Gewimmel von Barkassen, Fähren, Schuten und Schleppern, im Hintergrund die Werftkräne, Möwen schreien, das Wasser glitzert. Nirgendwo wirkt Hamburg weltläufiger als hier, im größten Seehafen Deutschlands. Eine schlaflose Nacht auf St. Pauli, um 6 Uhr auf den Fischmarkt, Fischbrötchen-Frühstück an den Landungsbrücken und dann ab auf eine schwankende Barkasse zur Hafenrundfahrt – das Programm kann sich mit der Äquatortaufe messen lassen.

Hightech am Container-Terminal

Der Hafen lebt. Und er schläft nie. Dafür ist jede einzelne Stunde, die ein Schiff am Kai verweilt, viel zu teuer. Das Liegegeld kann bis zu 40 000 Euro pro Tag betragen – da muss man sich sputen. Wie ein perfekt funktionierendes Uhrwerk greifen die Räder des Systems ineinander. In der Hafenverkehrszentrale werden sämtliche Schiffsbewegungen per Radar überwacht und geleitet. In Altenwerder – wo 2002 der modernste Containerterminal der Welt in Betrieb ging – ermitteln Großrechner die optimale Transport- und Ladeabfolge. Mit Hilfe von Ladar, einer Kombination aus Laser und Radar, kann die Position jedes einzelnen Containers auf 10 Zentimeter genau ermittelt werden.

Bei soviel Hightech mutet es anachronistisch an, dass die dicken Pötte, scheinbar unbeweglich wie Hochhäuser, noch immer von kleinen Schleppern in die Hafenbecken manövriert werden. Die Schlepperkapitäne sind einige der wenigen, die noch einem traditionellen Beruf nachgehen. Die Schauerleute von einst sind durch Van-Carrier-Fahrer, Kälte- und Klimatechniker sowie Computerspezialisten ersetzt worden. Der Tallymann, der im Auftrag des Reeders die Ladung an Bord prüft, nennt sich heute nüchtern Seegüterkontrolleur. ›Tally me bananas‹ ist Vergangenheit – wie 90 Prozent aller Waren kommen natürlich auch die Bananen im Container nach Hamburg.

▼ Aus romantischen Zeiten: ›Cap San Diego‹ ▲ Abendliche St.-Pauli-Landungsbrücken ▼ Aalverkäufer gehören zum Amüsantesten auf dem ›Fischmarkt‹

▲ Schon die Anreise ist reizvoll

▼ Sonntagvormittag in der Fischauktionshalle

Nichts für Nostalgiker

Und wo bleibt die Hafenromantik? Für Nostalgiker sind die schwimmenden Containerlager nicht halb so schön wie die schnittige ›Cap San Diego‹. Der weiße ›Schwan des Atlantiks‹ ist einer der letzten Stückgutfrachter, die gebaut wurden. Ebenso wie der dreimastige Windjammer ›Rickmer Rickmers‹ dient er nur noch als Museumsschiff. Trotzdem: Wenn die behäbigen Riesen langsam den Strom hinunterziehen, mit Ziel Chile oder Sydney, kann man sich des Fernwehs kaum erwehren.

Allerdings muss man für diesen Anblick ein gutes Stück flussabwärts gehen. Für die großen Frachter ist die Elbe bei den Landungsbrücken nicht mehr tief genug. Sie drehen schon bei Övelgönne in die südwestlichen Hafenbecken ab.

SPECIAL

Leben mit der Flut

Hamburg liegt über 100 Kilometer von der Nordsee entfernt. Und doch ist sie zu spüren. Immer wieder parken Ahnungslose bei Wind und aufkommender Flut ihre Autos zu nah am Elbufer – um Stunden später Wasser zu schaufeln. Viele Hamburger erinnern sich noch an die schwere Sturmflut von 1963. Mehr als 20 Prozent der Stadt standen unter Wasser, in Wilhelmsburg waren 60 000 Menschen eingeschlossen, 317 Hamburger starben. Seitdem haben ein umfangreiches Deichbauprogramm und die Absperrung der Süderelbe ähnliche Katastrophen verhindert. Doch durch die Ausbaggerung des Flusses für die großen Containerschiffe wächst die Gefahr neuer Fluten. Dennoch soll die Elbe zum vierten Mal vertieft werden, um gegen den geplanten Tiefseehafen in Wilhelmshaven konkurrieren zu können. Bislang dürfen Schiffe mit einem Tiefgang von 12,80 Metern den Hafen anlaufen, bei Hochwasser auch bis zu 15,10 Metern.

Für den Ausbau der Niederelbe, vor allem für den neuen Containerterminal am Ballinkai, musste ein ganzes Fischerdorf weichen. Von der A 7 aus kann man noch Altenwerders Gertrudenkirche sehen. Menschen leben hier nicht mehr. Sie haben den jahrzehntelangen Kampf gegen die Hafenerweiterung längst verloren. Und schon steht Moorburg zur Disposition.

▲ *Im Speicherstadtmuseum*

▼ *Teppichlager in der Speicherstadt*

◄ Rundgang mit Nachtwächter ▲ Backstein bestimmt … ▼ … das Gesicht der Speicherstadt

Der Wandel der Speicherstadt

So wie der Hafen nach Westen wächst, holt sich Hamburg im Osten altes Stadtgebiet zurück. Den Anfang machte die Speicherstadt, die sich wieder den Bürgern öffnet. Für den Bau der Lagerhäuser auf der Kehrwiederinsel und den Ausbau des Freihafens wurden im 19. Jahrhundert über 20000 Menschen vertrieben. Ein altes Wohnviertel wurde komplett zerstört. Aber was für Bauten entstanden da neu! Gotik und Renaissance standen Pate und schufen ein bizarres Bild von Türmchen und Giebeln, Brücken und Kais. Hinter dunkelroten Backsteinmauern lebten die Händler und Quartiersleute 100 Jahre lang in einer eigenen Welt. Doch der Seehandel brauchte immer weniger Lagerraum, der Wandel begann. Zwischen Teppichlagern und Schiffsausrüstern siedelten sich Medienfirmen, Agenturen und Museen in den düsteren Speichern an. Und seitdem die Fassaden nachts angeleuchtet werden, ist das ›dunkle Tier am Hafenrand‹ endgültig aus seinem Schlaf erwacht – ein Fabelwesen aus einer anderen Zeit.

Jahrhundertprojekt HafenCity

Und der Wandel geht weiter. In der Nachbarschaft der Speicherstadt entsteht statt der nicht mehr genutzten Kaianlagen die HafenCity. Hamburgs Bürgermeister, egal welch politischer Couleur, schwärmen vom größten innerstädtischen Bauvorhaben Europas, von 40 Prozent neu gewonnener Innenstadt, einer architektonischen Herausforderung! Die Hamburger dagegen hoffen, dass nicht der ewig gleiche Fehler gemacht wird, ein Fehler, der die City nahezu entvölkert hat: Büros statt Wohnungen. Versprochen werden 5500 Wohnungen, 20000 Arbeitsplätze, ein Kreuzfahrtterminal, Museen und Restaurants – doch das neue Stadtviertel in Sahnelage wird ein Luxusflecken werden, mit entsprechenden Quadratmeterpreisen.

Am Holzhafen und in Neumühlen, westlich des Fischmarkts, ist diese Entwicklung schon zu sehen. Zwischen Autostrich und Fischhallen werden im ›Rive‹ oder im ›IndoChine‹ Cocktails geschlürft und Sushihäppchen getafelt, wird im ›Stilwerk‹ geshoppt. Unwiderruflich verändert die gewohnte Elbsilhouette ihr Gesicht.

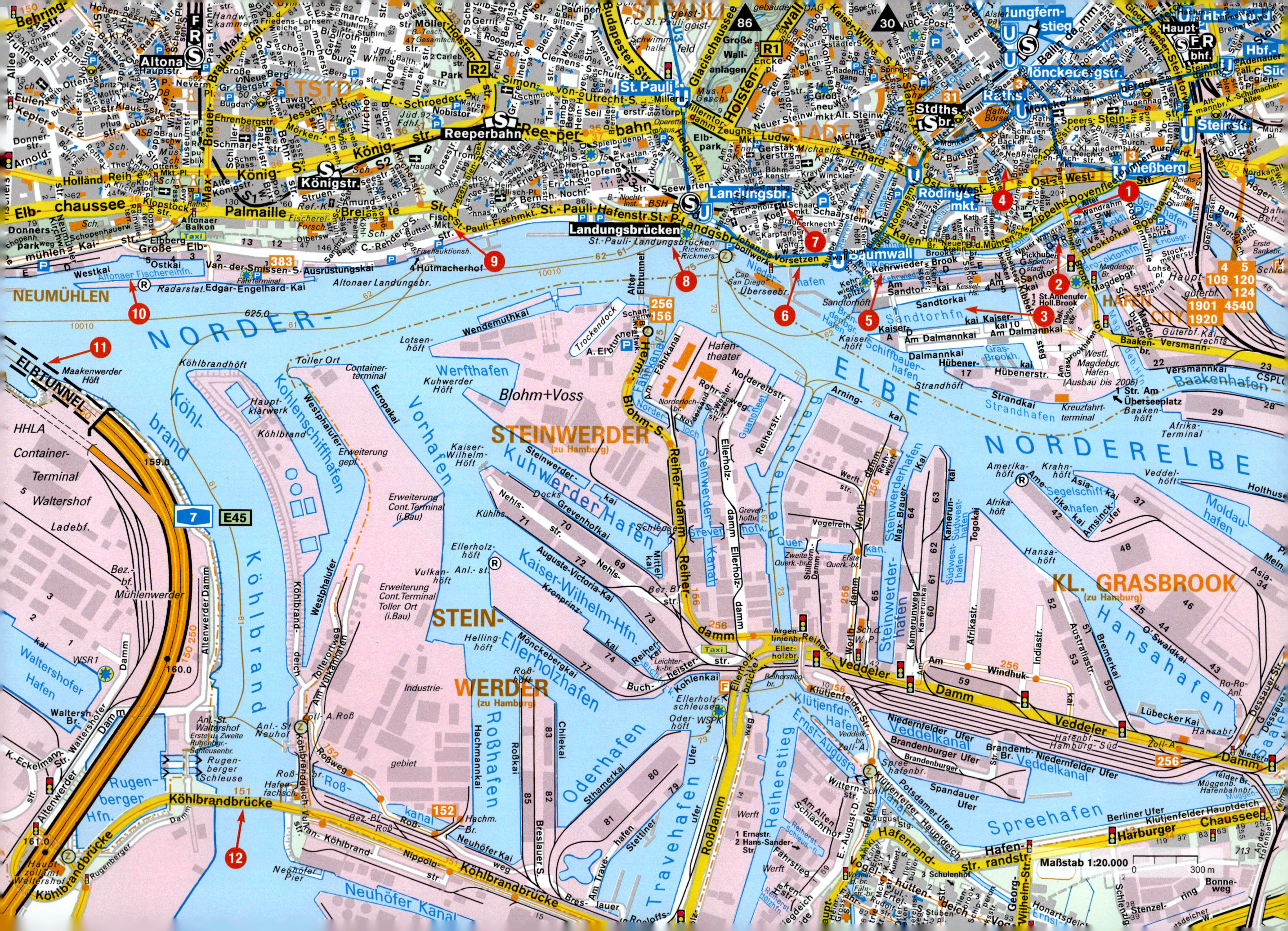

NORDERELBE
ELBE
NORDER-
Köhlbrand
STEINWERDER (zu Hamburg)
STEIN-WERDER (zu Hamburg)
KL. GRASBROOK (zu Hamburg)
NEUMÜHLEN
ELBTUNNEL
HHLA Container-Terminal Waltershof
Blohm+Voss
Landungsbrücken
Reeperbahn
Königstr.
Altona
St. Pauli
Jungfernstieg
Hansahafen
Spreehafen
Travehafen
Oderhafen
Roßhafen
Ellerholzhafen
Kuhwerder Hafen
Vorhafen
Werfthafen
Kohlenschiffhafen
Reiherstieg
Steinwerder Hafen
Moldauhafen
Köhlbrandbrücke
Veddeler Damm
Harburger Chaussee
Maßstab 1:20.000
300 m

Erinnerung an Großsegler: ›Rickmer Rickmers‹

Hamburger Hafen ③–⑥

Rund ein Zehntel des Stadtgebiets gehört zum Hafen; er umfasst 74 km², 41 km Kaimauern, 200 Brücken und Kräne sowie mehr als 320 Schiffsliegeplätze, davon ca. 30 für Container- und Massenguttransporter. Etwa 13 000 Schiffe laufen jedes Jahr den Hafen an. 2004 wurden erstmals an die 7 Mio. Container umgeschlagen. Damit liegt Hamburg in Europa hinter Rotterdam auf dem zweiten Platz, weltweit auf dem achten. Außerdem erzielte Hamburg 2004 mit rund 114 Mio. Tonnen einen Rekordumschlag. Immer noch leben rund 140 000 Menschen vom Hafen. Jüngster Betrieb der Hamburger Hafen- und Lagerhaus-AG (HHLA) ist der hochmoderne Containerterminal am Ballinkai. Die Traditionswerft Blohm + Voss, 1877 von den Schiffbau-Ingenieuren Hermann Blohm und Ernst Voss gegründet, gibt als einer der ältesten Hafenbetriebe nur noch rund 1000 Menschen Arbeit. Das Werftensterben überlebte außerdem die spezialisierte Sietas-Werft in Neuenfelde, die seit 1635 Schiffe baut.

TIPP

Alltagstouren im Hafen

Der Hafen aus der Alltagsperspektive – und das für den Preis einer Tageskarte. Wer die öffentlichen Linienfähren des HVV nimmt, stellt sich seine eigenen Hafenrundfahrten zusammen und sitzt Seite an Seite mit den Menschen, die hier arbeiten. Linie 61 fährt von den Landungsbrücken unter der Köhlbrandbrücke hindurch zum Containerterminal in Waltershof, Linie 71 zum Bananenschuppen am Amerikahöft. Von dort bringt einen die Linie 73 durchs Hafeninnere zum Oderhöft. Um auch bei Hochwasser unter der Argentinienbrücke hindurchzupassen, werden hier flache ›Wassertaxis‹ eingesetzt.

Ein erster Umschlagplatz lag am **Nikolaifleet** ④ an der 1188 gegründeten (gräflichen) Neustadt. Kaiser Friedrich I. Barbarossa soll dieser freien Handel und Zollfreiheit auf der Unterelbe zugesichert haben. Erst mit dem zunehmenden Handel und größer werdenden Schiffen verlagerte sich das Hafengeschehen im 16. Jh. südwärts ins Mündungsgebiet der Alster in die Elbe, heute **Binnen-** und **Niederhafen** ⑥ genannt, und im 17. Jh. dann in die Elbe. Kaianlagen waren weitgehend unüblich, die Schiffe lagen auf Reede und wurden in Schuten und andere Transportfahrzeuge entladen, die das Handelsgut zu den Speichern an den Fleeten brachten. Nur am **Vorsetzen**, der Straßenname erinnert daran, war das Elbufer durch Spundwände, an denen Schiffe festmachen konnten, gegen Unterspülungen gesichert. Wachsender Umschlag und große Dampfschiffe erforderten im 19. Jh. veränderte Hafenanlagen: Als erstes ›modernes‹ Hafenbecken mit Kais, Kränen, Schuppen und Eisenbahnanschluss entstand nach jahrzehntelangen Diskussionen bis 1866 der **Sandtorhafen** ③ als (dem Fluss und damit dem Meer gegenüber) offener Tidehafen (im Gegensatz zu einem durch Schleusen abgeschlossenen Dockhafen wie in London). Seinem Vorbild folgten im Prinzip bis heute alle weiteren Hafenerweiterungen. Mit dem Entstehen der Containerumschlaganlagen in den 1960er-Jahren stieg der Bedarf an großen Lagerflächen außerhalb der Schuppen. Kleinere Hafenbecken wurden zugeschüttet, ein Großteil der Schuppen abgerissen, um Platz für Warenverteilungszentren zu schaffen. Damit hat und wird sich das Bild des Hafens und die Struktur der Arbeit im Hafen weiter verändern.

Hafenrundfahrten: Einen Hafen erkundet man sinnvollerweise vom Wasser aus. Eine Hafenrundfahrt bietet dafür beste Möglichkeiten und Informationen dazu (Angebote s. S. 108).

Altonaer Fischereihafen ⑩–⑫

Bis zu seiner Eingemeindung nach Hamburg war Altona der größte Anlandeplatz der deutschen Fischfangflotte. Allegorisch verarbeitet der Stuhlmannbrunnen (1900) vor dem Altonaer Bahnhof die jahrhundertelangen Auseinandersetzungen der Nachbarn um die Fischereivorherrschaft. Heute bietet der ehem. **Fischereihafen** ⑩ an der Großen Elbstraße keine Fischerromantik mehr. Hier wird tiefgekühlter Fisch verladen, verkauft und verarbeitet; angelandet wird der Fisch vor allem im dänischen Esbjerg. Auch der Terminal für Fährschiffe hat ausgedient, die Englandfähren laufen Hamburg nicht mehr an. Dafür hat sich ein Szene-Lokal nach dem anderen angesiedelt. Das Lofthaus am Elbberg (1997, Bothe, Richter, Teherani) ist einer der neuen Bauten der ›Perlenkette‹ an der Elbe.

SPECIAL

Siegeszug des Containers

1956 kam die erste genormte Stahlkiste im Hamburger Hafen an. Damals ahnte noch niemand, wie sehr der unansehnliche Behälter die Seefahrt verändern sollte. Erfunden hat sie der US-Fuhrunternehmer Malcolm McLean. Als er in den 1960er-Jahren Militärgerät nach Vietnam in praktischen Stahlkisten transportierte, suchte er für den Rückweg Fracht aus Hongkong, Taiwan und Japan. Die einfache Verlademöglichkeit senkte drastisch die Transportkosten und bot den asiatischen Ländern die Chance, den Westen mit billigen Konsumgütern zu versorgen. Der Siegeszug des heute 20 oder 40 Fuß (6 bzw. 12 m) langen Containers war nicht mehr zu stoppen. Weltweit sind über 15 Mio. ›Kisten‹ im Einsatz. In Hamburg soll sich der jährliche Umschlag von heute über 7 Mio. bis 2010 verdoppeln.

Neuer Elbtunnel ⑪**:** Er ist schon längst nicht mehr neu, der etwas weiter westl. gelegene, 3,3 km lange Tunnel 27 m unter dem mittleren Wasserspiegel der Elbe. Drei Röhren mit je zwei Fahrspuren sind als Teil der A 7 seit 1974 in Betrieb, seinerzeit als Segmente ins Flussbett versenkt und eingeschwemmt. Die vierte Röhre, unter der Elbe hindurch gebohrt, wurde Ende 2002 eröffnet; der speziell dafür angefertigte Bohrkopf ›Trude‹ steht heute im Museum der Arbeit (s. S. 73).

Köhlbrandbrücke ⑫**:** Von Süden über die Autobahn kommend, sieht man sie gut, die

Auf der Köhlbrandbrücke: ›Cyclassics‹ im Regen

SPECIAL

Auf in die Neue Welt

Amerika – die große Verheißung! Zwischen 1850 und 1934 wanderten rund 6 Mio. Menschen über Hamburg nach Übersee aus, die meisten in die USA. Viele gingen aus wirtschaftlicher Not, später vor allem aus Angst vor politischer Verfolgung. Von 1871 bis 1914 war Hamburg der wichtigste Transithafen für über 2 Mio. osteuropäische Auswanderer, vor allem Juden. Auf der Veddel entstand im Auftrag der Reederei HAPAG ab 1901 eine Stadt in der Stadt – eine 60 000 m² große Anlage mit Pavillons, Großküchen, Kirchen, Synagogen und Musikhallen. Hier warteten die Menschen sehnsüchtig auf ihre Passage. Die letzte der noch erhaltenen backsteinernen Auswandererhallen soll nach dem Vorbild von Ellis Island, New York, zum Museum werden – vor allem für amerikanische Besucher. Jetzt schon stellt das Historic Emigration Office, Deutschlands einziges historisches Auswandererbüro, Namen von rund 6 Mio. Immigranten bereit. Wer auf die Suche nach seinen Ahnen gehen will, erhält gegen eine Gebühr Auskunft (Di. und Do. 10.00–17.00 Uhr; Historic Emigration Office, Elisabeth Sroka, Steinstraße 7, 20095 Hamburg, Tel. 30051282, Fax 30051220).

grazile Schrägseilbrücke (Architekt Egon Jux) über den Köhlbrand, den 300 m breiten Verbindungsarm zwischen Süder- und Norderelbe. Die 520 m lange und 53 m hohe vierspurige Brücke ist mit 88 Stahlseilen elastisch an zwei 135 m hohen Pylonen aufgehängt. Sie verbindet seit 1974 den Hafen mit dem Containerzentrum Waltershof. Für Fußgänger und Radfahrer ist die Brücke tabu (Zufahrt von der A 7, Ausfahrt Waltershof).

St.-Pauli-Fischmarkt ⑥–⑨

Um Fisch zu kaufen, kommt sonntags früh kaum noch jemand. Es ist die Mischung aus Volksfest und Flohmarkt, das Gewimmel von Verkäufern, Ausrufern, Nachtschwärmern, Touristen und Schnäppchenjägern, das die Menschen lockt (östl. Ende der Großen Elbstraße, So. ca. 5.00–9.30, Mitte Nov.–Mitte März ab 7.00 Uhr). Neben Bananen, Pflanzen und Kleingetier wird allerhand Trödel verkauft. Der Fischmarkt von St. Pauli ⑨ (ab 1861) bestand lange in Rivalität zum Altonaer Fischmarkt (ab 1703), bis er 1934 mit ihm vereint wurde. Das Sonderrecht, am arbeitsfreien Sonntag vor der Kirchgangzeit Waren anzubieten, ist im ursprünglichen Haupthandelsgut, dem leicht verderblichen Fisch, begründet.

Fischauktionshalle: Die elegante Glas-Eisen-Konstruktion (1896) wurde 1984 renoviert und als Veranstaltungszentrum neu eröffnet. Während des Fischmarkts Brunch zu Jazz- oder Countrymusik. In der Nachbarschaft verkörpern u. a. das Design-Einkaufszentrum **Stilwerk** in einer alten Mälzerei und die Greenpeacezentrale im ehemaligen Elbspeicher die neue Hamburger Architektur.

St.-Pauli-Landungsbrücken ⑧: Hamburgs Wasserbahnhof besteht aus 700 m langen Schwimmpontons, die durch Brücken mit dem Festland verbunden sind. Hier legen die Rundfahrtschiffe und Hafenfähren ab. Die heutige Anlage entstand 1906–1910 anstelle älterer Anleger für den Unterelbe- und Seebäderverkehr.

TOP ZIEL

Zwei Museumsschiffe haben hier ihren letzten Liegeplatz: Die ›**Rickmer Rickmers**‹, 1896 als einer der letzten Großsegler gebaut, fuhr nach Ostindien und Chile; das grüne, 97 m lange Stahlschiff hatte eine Segelfläche bis zu 3500 m² (Brücke 1, tgl. 10.00–18.00 Uhr). Etwas östl. die weiße ›**Cap San Diego**‹; der erst 1961 vom Stapel gelassene Stückgutfrachter fuhr für die Reederei Hamburg-Süd nach Südamerika (Überseebrücke, tgl. 10.00 bis 18.00 Uhr).

Ein ungewöhnliches Erlebnis: zu Fuß, per Rad oder mit dem Wagen hinüber in den Hafen. Die Autos fahren mit dem Fahrstuhl hinab zum 426,5 m langen **Alten Elbtunnel**. Die Reliefs und Keramiken in den Schächten zeigen u. a. den Bau des Tunnels. Seit 1911 verbinden die beiden gekachelten Röhren St. Pauli mit Steinwerder – die erste Flussunterquerung des Kontinents. Am anderen Ende ein beeindruckender Blick auf die Stadt (St.-Pauli-Landungsbrücken; Pkw Mo.–Fr. 5.30–20.00 kostenpflichtig, für Fußgänger rund um die Uhr kostenlos).

Immer noch Verkehrsweg: Alter Elbtunnel

Im **CitySporthafen** ⑥, einem reinen Gastliegerhafen mitten in der Stadt, liegt zwischen modernen Jachten das in Nietenbauweise erbaute ehem. Feuerschiff ›LV 13‹ (1952). Bis 1989 hatte es seinen Dienst in der englischen Humber-Mündung verrichtet. Drinnen und draußen Restauration in uriger Atmosphäre (Baumwall, Tel. 362553, www.das-feuerschiff.de; Mo.–Sa. 11.00–1.00, So. 10.00 bis 22.30, Küche bis 22.00 Uhr).

Umgebung: Die Gründerzeithäuser an der **St.-Pauli-Hafenstraße** und der Bernhard-Nocht-Straße waren einst begehrt. Spekulanten hatten sie in den 1970er-Jahren allerdings leer stehen lassen, sie drohten zu zerfallen. Ab 1981 wurden sie zum Quartier von Deutschlands bekanntesten Hausbesetzern und waren jahrzehntelang heftig umkämpft und umstritten. 1995 gingen sie auf Initiative des damaligen Bürgermeisters Klaus von Dohnanyi in den Besitz einer aus den Bewohnern bestehenden Genossenschaft über; seitdem fallen sie eher durch ihre bunten Fassadenmalereien auf.

In der Ditmar-Koel-Straße ⑦ (Nr. 2, 4, 6 und 36) findet man kleine **Gotteshäuser**, die als Anlaufstelle für skandinavische Seeleute errichtet wurden: die Kirchen der Dänen, Norweger, Finnen und Schweden. Die dänische Kirche birgt fein gearbeitete historische Schiffsmodelle.

Speicherstadt ①–⑤

Bevor sich Hamburg dem Deutschen Zollverein anschloss, war das Stadtgebiet gegenüber dem Umland Zollausland. Das hatte den Vorteil, dass aus aller Welt angelandete Waren zollfrei gelagert, weiterverarbeitet und wieder ausgeführt werden konnten. Als die Stadt 1888 in das neue deutsche Zollgebiet eingegliedert wurde, bekam sie als weiterhin zollfreien Raum den ›Freihafen‹ mit der Speicherstadt. Dafür wurde bereits ab 1885 auf der **Kehrwiederinsel** ⑤ und später auch auf der weiter östl. **Wandrahminsel** ein barockes Viertel mit Kaufmanns- und Arbeiterhöfen geopfert und mehr als 20 000 Menschen umgesiedelt. Die Speicher und Bürohäuser erbaute man von 1885 bis 1927 auf in den weichen Grund gerammten Holzpfählen. Den tragenden und vorgefertigten Eisenskeletten wurde ein ›hanseatischer‹ Backsteinmix aus neugotischen und Renaissance-Elementen vorgeblendet und die Gebäude mit seinerzeit hochmodernen

Infos

Stolz und selbstbewusst über den Tod hinaus: Störtebeker als Denkmal auf dem Grasbrook

Details wie hydraulischen Winden oder elektrischem Licht ausgestattet. Das alte Hamburger Prinzip, jedes Lager- bzw. Speicherhaus auf dem Wasser erreichen zu können, blieb unangetastet. Mit über 300 000 m² Lagerfläche entstand das weltgrößte Lagerhausareal; seit 1991 steht es unter Denkmalschutz.

Noch immer beherbergt die Speicherstadt das größte Teppichlager der Welt, werden Tee, Kaffee, Kakao und Gewürze umgeschlagen. Doch durch den Containerverkehr wurden die Lagerhallen größtenteils überflüssig, und Firmen und Museen siedelten sich hier an. Die neue HafenCity, die sich südöstl. anschließt, wird das Bild der Speicherstadt weiter verändern. Um diese realisieren zu können, wurde das Gelände der Speicherstadt und HafenCity Ende 2002 aus dem Freihafengebiet ausgegliedert.

TIPP

Durch die Speicherstadt

Das Speicherstadtmuseum lädt jeden Sonntag zu einem Rundgang durch die Speicherstadt und das Museum ein. Jenseits touristischer Attraktionen wird die Speicherstadt so als Baudenkmal und als Arbeitsort lebendig (Treffpunkt: Zollstation Kornhausbrücke ❶, So. 11.00 Uhr).

Sehenswert: Besonders malerisch wirkt die Speicherstadt bei nächtlicher Beleuchtung. Von den kunstvollen Brücken überstand als einzige die **Kornhausbrücke** ❶ den Zweiten Weltkrieg; seit 1903 wird sie von Christoph Kolumbus und Vasco da Gama bewacht. Die Entdecker sollen den Handel mit Übersee verkörpern, der nirgendwo so greifbar war wie hier. Reich verziert ist auch das nahe gelegene ›**Hafenrathaus**‹ ❷ (Bei St. Annen 1), das 1903 als repräsentativer Sitz der Hamburger Hafen- und Lagerhaus AG (HHLA) eingeweiht wurde.

Zu den modernen Attraktionen der Speicherstadt zählt der ›**Hamburg Dungeon**‹ ❺; die Reise in Hamburgs Vergangenheit ist nichts für Zartbesaitete, bei der interaktiven Show mit Schauspielern werden u. a. plastisch der Große Brand und die Sturmflut gezeigt (Kehrwieder 2, Tel. 36005500, www.hamburgdungeon.com; tgl. 11.00 bis 18.00 Uhr).

Daneben liegt das ›**Miniatur Wunderland Hamburg**‹ ❺; die nach eigener Aussage größte digital gesteuerte Modelleisenbahn der Welt (Spurweite H0) zeigt Hamburg und deutsche Landschaften, die USA und Skandinavien im Maßstab 1:87. Bis 2010 sollen die insgesamt 1500 m² Modelfläche mit insgesamt neun Landschaften bebaut sein u. a. mit bewegtem Straßenverkehr und anderen kleinen und großen Attraktionen (Kehrwieder 2, Block D, Tel. 3006800, www. miniatur-wunderland. de; tgl. 9.30–18.00, Di. bis 21.00, Sa., So. und Fei. 9.30–21.00 Uhr).

Museen: Dass ausgerechnet in der Speicherstadt ein Museum Alltag, Tradition und Kunst der **Afghanen** ❸ zeigt, ist kein Zufall; schließlich ist hier das Hamburger Zentrum des afghanischen (und iranischen) Teppichhandels. Völkerverständigung war und ist – gut hanseatisch – ein Teil des Geschäfts. Beim Besuch kann man nicht nur die orientalische Gastfreundschaft kennen lernen, sondern in den angrenzenden Teppichlagern vielleicht sogar einen Teppich günstig erhandeln (Afghanisches Museum, Sandtorkai 32, Tel. 378236, www. afghanisches-museum.de; tgl. 10.00–17.00 Uhr).

Im selben Speicher findet man das exotisch riechende **Spicy's Gewürzmuseum** ❸; es erzählt die Geschichte der Gewürze vom Anbau bis zum Verkauf (Am Sandtorkai 32, Tel. 367989, www.spicys.de; Di.–So. 10.00 bis 17.00 Uhr).

Anschaulich zeigt das privat betriebene **Speicherstadtmuseum** ❷ die Geschichte der Speicherstadt und die Arbeit in den Speichern; außerdem gibt es Wissenswertes rund um den Tee- und Kaffeehandel sowie ein Café inmitten von Kisten und Säcken (St. Annenufer 2, Tel. 321191, www.speicherstadtmuseum.de; Di.–So. 10.00–17.00 Uhr).

Im **Alten Zollamt ›Kornhausbrücke**‹ ❶, wo ab 1900 die Zöllner ihren Dienst taten, werden die Geschichte des Zolls vom Altertum bis heute erzählt und ausgefallene Schmuggelverstecke gezeigt. Das Zollboot ›Oldenburg‹ auf dem Zollkanal kann ebenfalls besichtigt werden (Deutsches Zollmuseum, Alter Wandrahm 15, Tel. 30087611; Di.–So. 10.00–17.00 Uhr, Eintritt frei).

HafenCity: Städtebau live – auf einer Fläche von 155 ha (davon 55 ha Wasser) entsteht ein neuer Stadtteil. Geplant ist eine Mischung aus Wohnen, Arbeiten, Kultur und Tourismus mit u. a. 5500 Wohnungen und 20 000 Arbeitsplätzen, 10 km öffentlich zugänglicher Uferpromenade, einem Kreuzfahrtterminal, einem Museums- und einem Sportboothafen. Es wurden schon einige Gebäude fertiggestellt u. a. als eines der ersten das SAP-Haus (Spengler & Wiescholek). Im HafenCity InfoCenter (Am Sandtorkai 30, www.hafencity.com; Di.–So. 10.00–18.00 Uhr) wird im ehemaligen Kesselhaus der Speicherstadt an einem Modell gezeigt, wie Hamburgs neuer Stadtteil aussehen wird; Café und Buchladen sind angeschlossen.

Das **Hanseatic Trade Center** mit seinem Rundturm an der Kehrwiederspitze gehört offiziell nicht zur HafenCity, die erst östl. davon beginnt.

Umgebung: Im Baakenhafen weiter östl. ist die ›**U 434**‹, eines der größten nicht nuklearen U-Boote der Welt, zu besichtigen (92 m lang, 9 m breit, 14,6 m hoch, 18 000 PS). Es diente der russischen Marine zu Spionage-, Jagd- und Patrouillenfahrten, konnte bis zu 500 m tief tauchen, zeigt die Lebensverhältnisse der Besatzung und bietet einen Blick hinter die Fronten des Kalten Kriegs (Tel. 32004934; Mo.–Do. 10.00–18.00, Fr. und Sa. 9.00 bis 19.00 Uhr, Shuttle-Service von St.-Pauli-Landungsbrücken und Speicherstadt).

TIPP

Schulung der Sinne

Eine beeindruckende Erfahrung ist der ›Dialog im Dunkeln‹ ❶ in der Speicherstadt: In absoluter Finsternis führen Blinde die Sehenden durch verschiedene Räume und Erlebniswelten; Anmeldung erforderlich (Di.–Fr. 9.00–17.00, Sa., So. und Fei. 11.00–19.00 Uhr; Alter Wandrahm 4, Tel. 0700/44332000, www.dialog-im-dunkeln.de).

HOLSTEN
RCFH

Hamburgs viele Gesichter

Pöseldorf und Harvestehude, Eppendorf und Uhlenhorst, Sternschanze und Ottensen – so eigen wie ihre Namen sind auch die Gesichter der Stadtviertel. Und die Hamburger bleiben ihren ›Dörfern‹ treu. Wer aus der Alternativszene des Schanzenviertels ins schicke Uhlenhorst ziehen muss, dem bricht das Herz. Und wer aus seiner Villa im eleganten Harvestehude ins verwinkelte Multi-Kulti-Ottensen übersiedelt, wechselt Welten. Links der Alster oder rechts der Alster ist für viele eine Schicksalsfrage.

Wasser bestimmt vielerorts auch die Stadtteile der Hansestadt – wie hier in Harvestehude.

▼ Schwäne gehören zur Außenalster wie Alsterdampfer ...

▲ ... und bunte Segel – im Hintergrund die Türme der Hamburger Straße

▲ Sonnenenergie treibt dieses futuristische Alsterschiff an

▲ An der Krugkoppelbrücke wird die Alster vom Fluss zum See

▲ Volksfeststimmung kommt auf, wenn die Alster zufriert

▼ Im Alstervorland-Park

An einem gewöhnlichen Vormittag im Park des Alstervorlands, da trifft man sie: feine Damen, die ihre Windhunde spazieren führen ... Herren, die im ›Anglo-German-Club‹ ganz unter sich ihren Lunch nehmen wollen (weibliche Wesen haben mit Ausnahme der Queen erst ab 16 Uhr Zutritt) ... höhere Hanseatentöchter auf dem Weg in die Pöseldorfer Boutiquen. Ja, die Viertel rund um die wunderschöne Außenalster zählen zu den ersten Adressen in Hamburg, verständlicherweise. Als sich die Stadt im 19. Jahrhundert vergrößerte, entstanden hier – in Rotherbaum, Harvestehude und Uhlenhorst – repräsentative Villen und Stadthäuser. Letztere könnte man schnöde als Reihenhäuser bezeichnen, wenn sie denn nicht so vornehm wären. Das ›Literaturhaus‹ am Schwanenwik mit seinem prächtigen Café bietet Einblick in so ein bürgerlich-gediegenes Stadthaus. Mittlerweile wird zwar weniger feudal gebaut. Aber Wohnungen an Straßen mit Namen wie ›Schöne Aussicht‹ oder ›Bellevue‹ sind dennoch kaum unter 8000 Euro pro Quadratmeter zu bekommen.

Wer diese Stadtlandschaft erkunden will, sollte ein Kanu mieten. Vom Wasser aus, auf der Außenalster und den verwunschenen stillen Kanälen, ist die Pracht dieser Wohnviertel am besten zu spüren.

Fit for Fun in Pöseldorf

Schwer vorstellbar: In dem Nobelquartier am Alstervorland ›pöselten‹ einst die Pächter des Klosters St. Johannis mühselig in ihren Gärtchen. Heute hat man andere Sorgen: Wohin nur in den zugeparkten Sträßchen mit dem Porsche? Spätestens seit sich Jil Sander 1968 hier niederließ, gehört das Quartier den Schönen und Reichen. Auf den wenigen Metern der Milchstraße gibt es alles, was das Image pflegt: von Designergürtel über Ayurveda-Massage bis hin zum perfekten Make-up. Und sogar den zum Lifestyle passenden Verlag: die Verlagsgruppe Milchstraße, die mit ›Fit for Fun‹ den Trend benennt. Das Viertel trifft sich auf dem Wochenmarkt am Turmweg, im ›Altercafé Cliff‹ oder auf der Terrasse von ›Paolino‹ – und tatsächlich auch in einer Bürgerinitiative. Jil Sander und ihre Mitstreiter wehrten sich Jahre gegen den Anbau der Musikhochschule. Vergeblich.

▲ Eppendorfs Isestraße wird von repräsentativen Fassaden gesäumt

▼ Mühlenkamp in Winterhude: Gastlichkeit zwischen Wasser und Stadt

▲ Beliebt und exklusiv: Isemarkt unter der Hochbahn

▲ Der Leinpfad zieht sich an der Alster entlang

▲ Schöner Wohnen: Stadtvilla am Harvestehuder Weg …

▼ … und Café im ›Literaturhaus‹

Ein Stausee inmitten der Stadt

Zu Fuß sollte man gehen, unbedingt! Von Pöseldorf hinunter zum Alstervorland, über großzügige Rasenflächen, vorbei an alten Bäumen, über Brückchen und breite Sandwege. Selbst an einem Sonntagnachmittag, wenn hier halb Hamburg flaniert, joggt oder skatet, strahlen Park und Außenalster großzügige Eleganz aus. Einen Spaziergang lang ist die Welt in Ordnung. Sogar die Schwäne am Ufer betreut ein städtisch besoldeter ›Schwanenvater‹. Und auch Sozialneid, der angesichts herrschaftlicher Villen am Harvestehuder Weg aufflackern könnte, bekommt dank städtischer Fürsorge einen Dämpfer. Schließlich hat die Stadt den Villenbesitzern 1952 einen Teil der Privatgärten am Alstervorland abgekauft und öffentlich gemacht.

Bei schönem Wetter wird es eng auf dem großstädtischen Stausee. Da üben sich Schulkinder im Jollensegeln, konkurrieren Katamarane um launigen Wind, und pfeilschnelle Achter mit Steuermann flitzen vorbei. Doch alle, ob Segler, Kanuten oder Ruderer, müssen den behäbigen Alsterdampfern ausweichen. Die haben Vorfahrt.

Die großbürgerliche Ecke

In Winterhude ist bestens zu erkennen, wie sehr die Alster die Stadtentwicklung geprägt hat. Je weiter von Fluss und See entfernt, desto schlichter die Bauten: erst großbürgerliche Villen und Stadthäuser, dann verspielte gründerzeitliche Etagenhäuser und zum Schluss, Richtung Barmbek, Industrie- und Arbeiterquartiere. Hier beginnt der Osten der Stadt, den viele ›Westler‹ nur besuchen, um ›auf Kampnagel‹ experimentelles Theater zu sehen.

Eppendorf ist aus Hamburgs ältestem Dorf hervorgegangen. Wer hier wohnt, wohnt hier meist schon lange. Zog vielleicht hierher, als die Mieten noch billiger und die Nächte noch länger waren. Als das ›Onkel Pö‹ noch lebte und Udo Lindenberg noch jung war. Die Zeiten sind vorbei, und heute leben hier Leute, die zu den prächtigen Gründerzeithäusern mit tadellos restaurierten Fassaden passen. In dem einstigen Szeneviertel ist mehr Jugendstil als Jugend zu finden. Viel Schick, Bistros und Boutiquen, aber auch viel Grün, Alleen mit ausladenden Kastanien und kleine Parks.

▲ Rondeel nennt sich diese Villengruppe am Wasser

▼ Pöseldorf ist unverändert eine der ersten Einkaufsadressen

▼ Gründerzeit am Eppendorfer Weg

▼ 1960er-Jahre-Architektur schmückt dieses Verlagssymbol in Pöseldorf

▲ Zur Wasserseite große Gärten: Harvestehude ▼ Schöne Aussicht: Moschee mit Tradition

St. Georg und die ganze Welt

St. Georg ist das Schmuddelkind an der feinen Alster. Da können sich Politik und Polizei noch so sehr ins Zeug legen – das Viertel zwischen Hauptbahnhof und dem Straßenzug An der Alster ist nicht ›clean‹ zu kriegen. Der Stadtteil, der im Mittelalter Leprakranke beherbergte, ist der einzige Flecken an der Außenalster, der sich dem Schöner-Wohnen-Motto – bis jetzt noch – verweigert.

SPECIAL

Zwei Jungs aus St. Georg

1891 wurde er in der Langen Reihe 71 geboren, der Junge mit den blauen Augen. Sein Vater war Schlachter, und der kleine Hans fuhr im Viertel Wäsche aus. Erste Auftritte hatte er gleich um die Ecke im legendären Hansa-Theater. Und als berühmter Leinwandstar kam er nach St. Georg zurück, um im ›Hotel Atlantic‹ zu wohnen – eine Hamburger Karriere par excellence. Hans Albers starb 1960, wurde ›in Ohlsdorf‹ neben seinen Schwestern Minchen, Trinchen und Pinchen begraben. Der Nachbarsjunge aus Nr. 91, zwei Jahre jünger und Sohn eines Seemanns und Hafenarbeiters, wurde Schriftsteller und beschrieb in Romanen, Schauspielen und Drehbüchern das Leben an der Küste. So berühmt wie der blonde Hans wurde er nicht, aber dafür ging sein Lied um die Welt: ›Lili Marleen‹. Hans Leip starb 1983 in der Schweiz.

St. Georg ist ein Brennglas, das die ganze Welt auf den Punkt bringt. Stärkere Kontraste auf engem Raum lassen sich kaum finden: Drogenelend am Hansaplatz und Luxus im ›Hotel Atlantic‹, Schauspielhaus und Kebabbuden, nietengespickte Lederbodys und mild lächelnde Buddhastatuen. Hauptschlagader ist die Lange Reihe. Auf 800 Metern präsentiert sie einen bunten Mix aus türkischen Imbissen, indischem Supermarkt, tibetanischen Läden, portugiesischen Cafés, persischen Konditoreien, italienischen Restaurants, In- und Eckkneipen und Designershops.

Der wilde Westen

Ein Teil der Drogenszene ist dem Druck der Obrigkeit gewichen: zum Bahnhof Sternschanze, ins westlich des Schlacht-

▲ Typisch Karolinenviertel: Wandmalerei und Graffiti

▲ Kein bisschen leise: ›Tuten und Blasen‹ beim Stadtteilfest

▲ Gezahlt werden muss auch im ›Karo‹

▼ Im ›KaffeeKontor‹ in der Schanzenstraße

▼ *Auch die Szene des ›Karo‹ wird eleganter: ›GoSee‹ in der Marktstraße*

hofs gelegene Schanzenviertel, das eine ähnlich faszinierende Multi-Kulti-Mischung beherbergt wie St. Georg. Und auch hier die gleiche Tendenz: Neben bröckelnden Fassaden und Billigläden ziehen Boutiquen, Weinläden und Medienfirmen ein. Das Schulterblatt, die breite Straße im Herzen des Viertels, ist für 1,5 Millionen Euro zur ›Piazza‹ umgebaut worden, und sogar der alteingesessene Imbiss ›Pamukkale‹ wartete über Nacht mit gläserner Front und Wischtechnik an den Wänden auf.

Doch was auch immer passiert: Die ›Rote Flora‹ steht wie eine Burg. Das linksradikale Veranstaltungszentrum droht eher aus Altersschwäche zu zerbröckeln, als der Yuppisierung des Viertels zu weichen. Und dem Druck der Politiker schon gar nicht. Egal, wie oft versucht wurde, den punkigen Schuppen abzureißen, egal wie viele Razzien rund um die Flora das Viertel aufmischten – das ehemalige Varietétheater ist seit 1989 fest in der Hand der Alternativ- und Anarchoszene.

Hamburgs schönster Balkon

Auch das quirlige Ottensen hat auf wundersame Weise die Quadratur des Kreises geschafft: großstädtische Vielfalt und kleinstädtische Gemütlichkeit. Auf engstem Raum – und Ottensen ist wirklich eng – lebt hier jeder nach seinen Vorstellungen. Vor Jahren gab es noch den Kampf gegen das Einkaufszentrum ›Mercado‹. Inzwischen hat man sich arrangiert, und die Punks – ›Hassu mal 'n Euro?‹ – sitzen nach wie vor am Spritzenplatz und hören den Straßenmusikanten zu.

Die größte Gefahr drohte dem kleinen Ottensen in den 1970er-Jahren – da sollte es saniert werden. Zu schmal waren die Gassen, baufällig die niedrigen Arbeiterhäuschen. Doch die Modernisierung erfolgte in Maßen. Noch heute sind die Straßen so verwinkelt, dass Fremde schnell die Orientierung verlieren. Und Autofahrer ziehen hier sowieso den Kürzeren, entnervt vom Einbahnstraßendschungel. Erst zur Elbchaussee hin werden die Straßen wieder breiter. Die Parkanlage südlich des Altonaer Bahnhofs schafft Platz für das Rathaus, ein schneeweißer Prachtbau und Hamburgs beliebtestes, weil schönstes Standesamt. Von hier aus sind es nur ein paar Schritte

▲ Altonaer Rathaus – mit Kaiser Wilhelm I.

▲ Im Museumshafen Oevelgönne

▼ Jüdischer Friedhof

▲ Sommermagnet: ›Strandperle‹

▼ Ein Blick in die ›Zeisehallen‹

▼ *Am ›Altonaer Balkon‹ trifft man sich zum Boule-Spielen*

zum ›Altonaer Balkon‹, wo der Blick endgültig weit wird: Die Stadt im Rücken steht man hoch über der Elbe, und die Aussicht über den Hafen nimmt kein Ende.

SPECIAL

Alte Fabriken, neues Leben

Die ›Fabrik‹ in Ottensen machte 1971 den Anfang, ihr Name wurde zum Programm für Hamburger Stadtentwicklung: Seit in den 1970er-Jahren mehr und mehr Fabriken unrentabel geworden waren, gab es in den alten Backsteinhallen plötzlich Platz für Kultur. Die Schiffsschraubenfabrik Zeise in Ottensen beherbergt Kino und mehr, aus der Drahtstiftefabrik Feldtmann wurde das Stadtteilarchiv. Im Osten entwickelte sich auf Kampnagel, wo bis 1968 Hafenkräne entstanden, eine blühende Theaterszene, und die New-York-Hamburger Gummi-Waaren Compagnie wurde zum ›Museum der Arbeit‹. Alte Arbeiterviertel erlebten einen Boom, weil verlassene Fabriketagen zu großzügigen Lofts und Medienbüros umgebaut wurden. Jüngstes Beispiel für den Wandel ist Bahrenfeld, wo aus einem Gaswerk ein schickes Büro- und Wohnviertel geworden ist. Das dazugehörige Hotel betont seine Fabrikarchitektur, statt sie zu verstecken, und hat dafür europaweit Beachtung gefunden.

Gänsemarsch in Övelgönne

Das Altonaer Dörfchen besteht eigentlich nur aus einer Häuserzeile, die sich von Neumühlen die Elbe flussabwärts zieht. Aber dieser Kilometer gehört zum Malerischsten, was Hamburg zu bieten hat. Und deshalb drängen sich auf dem Pfad entlang der winzigen Häuschen halb Hamburg und seine Besucher. Es ist aber auch zu schön: linker Hand Minigärtchen, der Elbstrand und der breite Strom und rechts die alten Lotsenhäuschen mit Erkern und Glasveranden, mit gusseisernen Gittern und Tüddelgardinen. Dazu ein paar Cafés und Fischrestaurants, Straßenhändler und Eisbuden. Und die ›Strandperle‹: Im Sand vor dem Kiosk am Elbufer trifft man den typischen Mix des Hamburger Westens wieder: Studenten und Filmproduzenten, Schicki-Micki, Kleinfamilien, Singles und – ein wenig abseits am qualmenden Lagerfeuer – die Anarchoszene. Großstadt pur.

HAMBURG
SCHENEFELD
LURUP
STELLINGEN
EIMSBÜTTEL
EPPENDORF
WINTERHUDE
BARMBEK
BRAMFELD
HELLBROOK
DULSBERG
WANDSBEK
TONNDORF
RAHLSTEDT
Stapelfeld
Braak
Barsbüttel
JENFELD
MARIENTHAL
HORN
HAMM
UHLENHORST
HARVESTEHUDE
ROTHERBAUM
ST. PAULI
ST. GEORG
ALTONA
OTTENSEN
OTHMARSCHEN
BAHRENFELD
GROSS FLOTTBEK
OSDORF
ISERBROOK
BLANKENESE
NIENSTEDTEN
SÜLLDORF
EIDELSTEDT
NIENDORF
GROSS-BORSTEL
ALSTERDORF
OHLSDORF
FARMSEN
Oststeinbek
GLINDE
REINBEK
BILLSTEDT
BORGFELDE
HAFENCITY
STEINWERDER
VEDDEL
WILHELMSBURG
BILLBROOK
BILLWERDER
BOBERG
LOHBRÜGGE
Wentorf
BERGEDORF
NETTELNBURG
NEUALLERMÖHE
ALLERMÖHE
CURSLACK
NEUENGAMME
FÜNFHAUSEN
ACHTERDEICH
REITBROOK
OCHSENWERDER
MOORFLEET
SPADENLAND
MOORWERDER
KIRCHDORF
HARBURG
HEIMFELD
EISSENDORF
WILSTORF
MARMSTORF
LANGENBEK
MOORBURG
ALTENWERDER
FINKENWERDER
FRANCOP
HOHENWISCH
NEUENFELDE
NINCOP
NEUGRABEN
NEUWIEDENTHAL
FISCHBEK
Neu Wulmstorf
Elbe
Norderelbe
Süderelbe
Außenalster
Carl Hagenbecks Tierpark
Color Line Arena
AOL Arena
Trabrennbahn
Neue Flora
Messe
Millerntor-Stadion
Rathaus
St. Michaelis
Operettenhaus
Horner Rennbahn
Köhlbrandbrücke
Wildpark Schwarze Berge
Freilichtmuseum Am Kiekeberg
Maßstab 1:100.000

Infos

Zum Kirschblütenfest leuchtet über der Außenalster ein Feuerwerk

Aussenalster ❶

Hamburgs größter See (1,64 km², 2,8 km Länge, bis zu 1 km Breite und 2,5 m Tiefe) entstand im 13. Jh. durch Aufstauung des 56 km langen Flusses Alster, der nördl. Hamburgs bei Henstedt entspringt. Von der Binnenalster (18 ha) wird er durch Kennedy- und Lombardsbrücke getrennt. An seinen Ufern wurden im Zuge der Stadterweiterung im 19. Jh. Villen und Stadthäuser gebaut, u. a. die ›Slomannburg‹ (Harvestehuder Weg 5), ein weißer Bau mit Turm und Zinnen, und das weiße Haus des Amerikanischen Generalkonsulats (Alsterufer 27). Der Zugang zum Wasser ist fast überall frei, die urspr. privaten Gärten am westl. Ufer wurden 1953 zur öffentlichen Parkanlage.

Als Segelrevier ist die Außenalster durch die wechselnden und durch Häuserschluchten verursachten Fallwinde recht anspruchsvoll. Der 7,6 km lange Rundweg wird von unzähligen Joggern genutzt. Die Qualität des Wassers hat sich seit Jahren gebessert, so dass über eine Badestelle nachgedacht wird.

Bootsvermietung: s. S. 108.

Schifffahrten: s. S. 108.

St. Georg ❷

Benannt nach dem um 1200 errichteten Hospital für Leprakranke, standen dem Stadtteil von jeher die Außenseiter der Gesellschaft nahe. Hier vor dem Steintor befanden sich Galgen, Pestfriedhof, ›Gassenkummerplatz‹ (Müllhalde) und Schweineställe. Mit dem Bau der Befestigungen im 17. Jh. wurde das Gebiet in die Stadt einbezogen. Heute hat sich nahe dem Hauptbahnhof eine Drogen- und Prostitutionsszene etabliert aber auch ein lebendiges Kneipen- und Restaurantmilieu.

Sehenswert: Direkt gegenüber dem 1906 eingeweihten **Hauptbahnhof**, der die größte Bahnhofshalle Deutschlands besitzt (121 m lang, 37 m hoch, 73 m breit), befindet sich in einem repräsentativen Bau von 1899/1900 das **Deutsche Schauspielhaus** (s. S. 71). Das ›**Hotel Atlantic**‹ (An der Alster 72–79, s. S. 89) ist am schönsten vom Wasser aus zu sehen; der weiße Prachtbau wurde 1909 für über 5 Mio. Goldmark errichtet.

TIPP

Ein Drink am Anleger

Schöner kann man nicht sitzen: An einigen Anlegern der Alsterdampfer gibt es Cafés mit Wasserblick: ›Bodos Bootssteg‹ an der Rabenstraße, ›Fiedler's Café‹ am Mühlenkamp, ›Bobby Reich‹ an der Krugkoppelbrücke und ›Café Leinpfad‹ beim Winterhuder Fährhaus. Wer seinen Fähr-Fahrschein vorzeigt, bekommt sogar einen kostenlosen Begrüßungsdrink. Und da die Rückfahrt per Schiff erfolgt, braucht man auch nicht unbedingt auf die Promille zu achten.

Uhlenhorst ❸

Der Stadtteil entwickelte sich erst nach 1844, nachdem der Alsterspiegel abgesenkt, der Boden durch Kanäle entwässert worden war. Die exklusive Villen- und Stadthausbebauung überstand den Krieg unzerstört. Aus einem Moorloch entstand der Feenteich, an dem sich in einer Villa von 1868 das Gästehaus des Senats befindet.

Sehenswert: Seit 1987 ist das ›**Literaturhaus**‹ (Schwanenwik 38, Tel. 22702011, www.literaturhaus-hamburg.de) in einem prachtvoll ausgestatteten Stadthaus (1868) untergebracht. Hier finden Lesungen und Autorentreffs statt. Auch eine Buchhandlung und ein Café im ehemaligen Ballsaal gehören dazu. Wer im Freien sitzen will, sollte den herrlich gelegenen Kiosk gegenüber am Alsterufer besuchen. Die iranisch-schiitische **Moschee** steht seit 1960 an der Schönen Aussicht 36.

Winterhude ❹

Das Dorf wurde bereits 1250 urkundlich erwähnt, bis in die Mitte des 19. Jh. blieb die Gegend ländlich. Dann begann die Familie Sierich das Gebiet zwischen der heutigen Sierichstraße und der Alster mit Straßen, Kanälen und Brücken zu erschließen. Ihr Gehölz, das die Stadt 1902 erwarb, wurde zum **Stadtpark** (s. S. 105). Heute bietet Winterhude ein sehr unterschiedliches Bild: Jenseits der alsternahen groß- und gutbürgerlichen Gegend gehören auch Jarrestadt und City Nord dazu. Die 35 Klinkerblocks der **Jarrestadt**, 1927–1930 nach einer Idee von Fritz Schumacher erbaut, stehen unter Milieuschutz; heute leben hier rund 9000 Menschen. In den 1960er- und 1970er-Jahren entstand wegen wachsenden Bürobedarfs die **City Nord**; auf dem 1,2 km² großen Areal arbeiten rund 20 000 Menschen, nach Feierabend ist die Gegend ausgestorben.

Kultur und Szene: Vor allem im Bereich Mühlenkamp, Dorotheen- und Gertigstraße gibt es viele Lokale und Läden. Im **Stadtpark** auf der Freilichtbühne Konzerte (vor allem Rock), im ›Landhaus Walter‹ (mit großem Biergarten) der beliebte ›Downtown Bluesclub‹ (Hindenburgstraße 2, Tel. 275054, www.downtown-bluesclub.de) und am Stadtparksee Gartencafés, z. T. mit Livemusik. Veranstaltungen auch im Goldbekhaus, einem Stadtteilzentrum mit Biergarten am Goldbekkanal (Moorfuhrtweg 9, Tel. 27870212, www.goldbekhaus.de).

Zu den **Theatern** ›Winterhuder Fährhaus‹ und ›Kampnagel‹ s. S. 71.

Eppendorf ❺

Das ehemalige Bauerndörfchen, 1140 erstmals erwähnt, gehörte im 14. Jh. dem Kloster Harvestehude, nach der Reformation dann dem Johanniskloster, seit 1894 schließlich zur Stadt Hamburg. Noch immer befindet sich in der Nachfolge der Klöster an der Heilwigstraße ein malerisches Damenstift. Der Süden Eppendorfs ist mit seinen großzügigen Altbauwohnungen ein beliebtes Wohnviertel, den Norden dominiert das 1885 gegründete Krankenhaus, heute Universitäts-Krankenhaus Eppendorf.

Sehenswert: Die **Pfarrkirche St. Johannis** erhielt ihre heutige Gestalt im Wesentlichen 1571 und besitzt einen Backsteinturm aus der Zeit um 1200; das Langhaus ist von 1622. Auch das **Fachwerkhaus des Klostervogts** aus dem 18. Jh. (Eppendorfer Marktplatz 11) und das **Willsche Haus** (ab 1670, Ludolfstraße 19) erinnern an das ländliche Eppendorf. Eine Institution ist der **Isemarkt** (Di. und Fr. 8.30–14.00 Uhr), der sich in der Isestraße unter dem Viadukt der Hochbahn erstreckt. In der Tarpenbekstraße 66 wohnte der KPD-Vorsitzende Ernst Thälmann (heute Gedenkstätte), bevor er 1933 festgenommen und

Ein Angebot aus aller Welt: auf dem Flohmarkt im Schanzenviertel

1944 im KZ Buchenwald ermordet wurde. In Nr. 82 das Geburtshaus des Schriftstellers Wolfgang Borchert (›Draußen vor der Tür‹), der 1947 mit nur 26 Jahren starb.

Am Nordrand liegt mitten in der Stadt eher unerwartet das **Naturschutzgebiet Eppendorfer Moor** (Alsterkrugchaussee).

Kultur und Szene: Auch wenn Eppendorf als In-Viertel längst abgelöst wurde, gibt es noch eine gut besuchte Kneipenszene, vor allem am oberen Ende des Eppendorfer Wegs, Lehmweg, Eppendorfer Baum (›Alma Hoppes Lustspielhaus‹ s. S. 88).

Harvestehude 6

Straßennamen wie Abteistraße, Frauenthal und Nonnenstieg erinnern daran, dass das Viertel einst einem reichen Kloster der Zisterzienserinnen gehörte. Weil die Nonnen den lutherischen Glauben ablehnten, wurde ihr Kloster 1530 abgerissen, das Land erst im 19. Jh. zur Bebauung freigegeben. Es entwickelte sich zu einer exquisiten Wohngegend Hamburger Kaufleute.

Sehenswert: Im engen Viertel **Pöseldorf** zwischen Harvestehuder und Mittelweg wohnten Gärtner und Handwerker. Als 1959 die Sanierung begann, wurden die einstigen Stall- und Remisengebäude nach und nach zu Boutiquen und Kneipen. Im Turmweg bei der St. Johanniskirche (1882) findet Do. 8.30–14.00 Uhr ein Wochenmarkt statt.

Zu Harvestehude gehören auch die **Grindel-Hochhäuser** (Grindelberg/Hallerstraße). Die zwölf schmalen Hochhäuser, 1946–1956 im Auftrag der britischen Besatzer entstanden, gelten als Symbole des Wiederaufbaus und Zeugnis klassischer Architekturmoderne.

Kultur und Szene: Eine der ersten Kult-Kneipen der Stadt war das ›Zwick‹ (Mittelweg 121), wo heute noch Alt-Rocker auftreten. Die **Hochschule für Musik und Theater** veranstaltet Konzerte (s. Tipp S. 71).

TIPP

Schlechtwetter-Zoo

Ein idealer Ort für Familien mit Kindern, wenn es regnet: Das Zoologische Museum der Uni Hamburg zeigt die heimische Tierwelt ebenso wie exotische Raubtiere. Mit Muße – und ganz umsonst – kann man hier sorgsam präparierte Tiere betrachten und nebenbei viel Wissenswertes lernen (Martin-Luther-King-Platz 3/Bundesstraße, Tel. 428382276; Di.–Fr. 9.00–13.00 und 14.00–18.00, Sa. und So. 10.00–13.00 und 14.00–17.00 Uhr, Fei. geschl.).

Rotherbaum 7

Zur Alster hin zeigt Rotherbaum – der Name geht auf einen Schlagbaum zurück – typische Villen und Stadthäuser. Das lebhafte Grindelviertel dagegen wird heute durch die Universität geprägt. Ebenfalls zu Rotherbaum gehören die Tennisanlagen, wo die Internationalen Meisterschaften von Deutschland stattfinden.

Grindelviertel: Das Grindelviertel war ab Ende des 19. Jh. Zentrum des jüdischen Lebens in Hamburg; rund 40% der Hamburger Juden lebten hier. Am Joseph-Carlebach-Platz sieht man den Grundriss der zerstörten **Synagoge**, der damals zweitgrößten Deutschlands. Auf der Moorweide/Platz der Jüdischen Deportation, von wo aus Tausende Juden deportiert wurden, wurde 1983 ein Gedenkstein errichtet. Erhalten blieben der Tempel in der Oberstraße (heute Teil des Norddeutschen Rundfunks) sowie die Talmud-Tora-Schule am Grindelhof, in der seit 2002 wieder unterrichtet wird.

Universität Hamburg: Sie wurde erst 1919 gegründet, gehört mit ihren 18 Fachbereichen und rund 40 000 Studenten aber inzwischen zu den großen Deutschlands. Hauptgebäude ist der säulengeschmückte Kuppelbau (1911) an der nach dem Stifter benannten Edmund-Siemers-Allee mit zwei neuen Flügelbauten. In den 1950er-Jahren entstand rund um den nahen Von-Melle-Park ein neuer Campus mit Mensa, Audimax und ›Philosophenturm‹ (52 m). Zur Uni gehört auch das Universitätsklinikum Eppendorf (UKE), wo seit 1919 die Ausbildung der Medizinstudenten stattfindet. Für Interessierte ohne Abitur, die meist über den zweiten Bildungsweg kommen, ist die **Hamburger Universität für Wirtschaft und Politik** (HWP, Von-Melle-Park 9) eine bedeutende Ausbildungsstätte. Sie geht auf die 1948 gegründete ›Akademie für Gemeinwirtschaft‹ zurück.

Eine der jüngsten Universitäten Deutschlands ist die **Technische Universität Hamburg-Harburg** mit heute rund 5000 Studenten. 1980 wurde der Forschungsbetrieb aufgenommen, 1982 die Lehrtätigkeit.

Dammtor: Das nördliche Tor im Befestigungsring wurde 1817 abgerissen. 1866 entstand der erste Bahnhof, 1903 der heutige Jugendstilbau des schönsten Hamburger Bahnhofs. Dahinter erstrecken sich das rund 63 000 m² große **Messegelände** sowie die **Parkanlage ›Planten un Blomen‹** (s. S. 105). Richtung Stephansplatz liegt das viel kritisierte Kriegerdenkmal von 1936 (›Deutschland muss leben und wenn wir sterben müssen‹), daneben der unvollendete Gegenentwurf von Alfred Hrdlicka (1985).

Zuckersüß muss er sein, der Tee im ›Karo‹

Kultur und Szene: Nicht nur Studenten nutzen die Lokale beim Abaton-Kino und die Rock-Kneipe ›Logo‹ (s. S. 87).

Schanzen- und Karolinenviertel 8

Der Begriff **Schanzenviertel** kam erst in den 1980er-Jahren auf, als sich die Gegend um den Bahnhof Sternschanze zur Domäne der Alternativ- und Politszene entwickelte. Beim Bahnhof

SPECIAL

Fritz Schumacher

Wie kaum ein zweiter bestimmte der aus Bremen stammende Architekt und Stadtplaner (1869–1947) das moderne Bild Hamburgs. Von 1909 bis 1920 war er als Baudirektor tätig, von 1923 bis zu seiner Entlassung durch die Nazis 1933 als Oberbaudirektor. Seine wichtigste Aufgabe war die Bewältigung der Wohnungsnot in den 1920er-Jahren, und so entstanden große Siedlungsgebiete wie Jarrestadt, Dulsberg und Barmbek-Nord. Dem Reformer lag immer ein menschenwürdiges Wohnen am Herzen, das auch Grünanlagen und Erholung beinhaltete. Den Stadtpark entwarf er als ›Freilicht-Volkshaus‹. Stilistisch überwand Schumacher den Historismus und knüpfte an die alte Backstein-Tradition an.

Auch der Winter hat seine Reize an der Elbe: Neumühlen

beginnt der Schanzenpark; hier lag ab 1682 die Sternschanze, eine sternförmige Bastion der Befestigungsanlage. Im Park gibt es mehrere Sport- und Spielplätze und ein Café; die Nutzung des leer stehenden Wasserturms (1907–1910) ist seit langem umstritten. Bindeglied zum **Karolinenviertel** ist der bis 1892 errichtete Schlachthof. Um die Altbauten des Viertels gab es lange Streit zwischen Sanierern, Bauspekulanten und Hausbesetzern. Südlich der Feldstraße erstreckt sich das **Heiligengeistfeld**, auf dem dreimal im Jahr der **›Dom‹** (Jahrmarkt) stattfindet. Die fast 30 ha große freie Fläche war im Mittelalter Weideland des Hospitals zum Heiligengeist.

Kultur und Szene: Am Schulterblatt sind zahlreiche Kneipen und Restaurants sowie das umstrittene Kulturzentrum ›Rote Flora‹ (Schulterblatt 71, Tel. 4395413, www.roteflora.de) zu finden. Die ehem. Rinderschlachthalle hat sich zum Veranstaltungszentrum **›Schlachthof‹** gemausert, mit Clubs und Cocktailbar (Neuer Kamp 30, Tel. 87976230, www.schlachthofhh.de).

ALTONA 9

Altona entstand erst ab 1535, als eine Fischer- und Handwerkersiedlung ›all to nah‹ an Hamburg gegründet wurde. Das zu Holstein-Pinneberg gehörende Dorf wurde zur Zuflucht für Glaubensflüchtlinge, u. a. für Reformierte und Juden. Im Viertel ›Freiheit‹ galt Glaubens- und Gewerbefreiheit – daher die Straßen ›Große‹ und ›Kleine Freiheit‹ auf St. Pauli. Der 1611 angelegte Jüdische Friedhof gilt als einer der bedeutendsten der Welt (ab 2006 zugänglich). 1640–1864 erlebte Altona als zweitgrößte Stadt der dänischen Krone eine Blüte, der Hafen war zeitweilig bedeutender als der Hamburgs. 1867 kam es zu Preußen, 1938 zu Hamburg. Im Zweiten Weltkrieg wurde es wegen seiner Industrieanlagen und Arbeiterwohngebiete stark zerstört. Der Aufschwung des Dorfes **Ottensen**, erstmals 1310 erwähnt, begann, als es 1867 preußisch wurde und, anders als Altona und Hamburg, bereits zum Deutschen Zollverein gehörte. Industrie siedelte sich an, und die Stadt Ottensen wurde ein Zentrum der Arbeiterbewegung. 1889 wurde sie nach Altona eingemeindet. Nachdem ab den 1960er-Jahren viele Fabriken geschlossen wurden, wandelte sich Ottensen in ein Szeneviertel mit lebendiger Stadtteilkultur.

Sehenswert: Auf dem alten Friedhof der **Christianskirche** von 1738 ist das Grab von F. G. Klopstock (1724–1803) und seinen beiden Frauen zu finden; 25 000 Menschen sollen seinerzeit den Trauerzug des Dichters, der durch seinen ›Messias‹ äußerst populär geworden war, begleitet haben.

Dem prächtigen Neorenaissancebau des **Altonaer Rathauses** (1898) sieht man nicht an, dass es aus dem ehem. Bahnhof der Kiel-Altonaer Eisenbahn entstanden ist. Nördl. schließt sich der Platz der Republik mit dem monumentalen **Stuhlmannbrunnen** (1900) an. An der Westseite des parkähnlichen Platzes sind **Altonaer Museum** (s. S. 73) und **Altonaer Theater** zu finden (s. S. 71).

Südlich des Rathauses liegt der **›Altonaer Balkon‹**, ein Park mit großartigem Blick über den Hafen. Hier geht ein Wanderweg oberhalb der Elbe nach **Neumühlen**, das durch moderne Glaspaläste ein völlig neues Gesicht bekommen hat, und zum malerischen **Övelgönne**. Die ehem. Fischer- und Lotsensiedlung ist Hamburgs einziges Stadtviertel ohne Autostraße, dafür gibt es steile Treppen wie die ›Himmelsleiter‹. Am Fähranleger Neumühlen ist seit 1977 der **Museumshafen** beheimatet (s. S. 73)

Kultur und Szene: Lebhaft geht es um die Ottensener ›Zeisehallen‹ zu, ganz in der Nähe liegt die bekannte ›Fabrik‹ (s. S. 91). In Altona gibt es seit 1982 in einem ehemaligen Krankenhaus das ›Haus 3‹, ein Stadtteilzentrum mit Restaurant und Biergarten (Hospitalstraße 107, Tel. 388998, www.hausdrei.de).

In die alten Backsteinfabrikgebäude ist neues Leben eingezogen: Ottensen

Kunst und eine Menge Theater

Museal geht es in Hamburg ganz und gar nicht zu. Die ehemals staatlichen Museen, die seit 1999 eigenverantwortlich wirtschaften, sind lebendiger geworden. Da werden in der ehrwürdigen Kunsthalle Yoga und Malerei zusammengeführt, gibt es Kindertheater im HamburgMuseum, und im Museum für Völkerkunde kann man auf dem ›Markt der Völker‹ einkaufen oder bei der ›Backpacker-Nacht‹ eigene Reiseerlebnisse kundtun. Lebendig geht es auch auf der Bühne zu. Mit über zwanzig Spielstätten, von Klassik über Plattdütsch bis Avantgarde, hat die Stadt viel Theater zu bieten.

Verbeugung vor Lessing und seinem Werk: ›Miss Sara Sampson‹ im Thalia-Theater.

▲ Hamburg hat weltweite Kontakte: Wandbild auf dem Dock von Blohm + Voss

▼ Ein ›Schlumper‹ bei der Arbeit: Projekt in der alten Rinderschlachthalle

▼ Hier kann man in Ruhe Eindrücke Revue passieren lassen: Kunsthallen-Café

▼ Markthallen wurden zu Räumen für Gegenwartskunst: Kunsttage in den Deichtorhallen

▼ ›Double Triangular Pavillon for Hamburg‹ an der Außenalster

Eine Hamburger Posse: Als sich 2001 der neue Senat vorstellte, war ein Stuhl unbesetzt – der Posten der Kultursenatorin. Und das blieb fast ein halbes Jahr so. Etliche Damen waren im Spiel, sogar Vicky Leandros wurde genannt. Die Presse hatte etwas zu schreiben, und die Szene sah sich bestätigt: Kultur zählt wenig in der Stadt der Pfeffersäcke. Natürlich ist was dran an der Kritik. Da in der Hansestadt nie kunstsinnige Fürsten, sondern Kaufleute das Sagen hatten, war das Kulturbudget meist knapp. Doch privat ließen sich finanzkräftige Bürger und Unternehmen nicht lumpen. Bis heute lebt Hamburgs Kultur zu einem Großteil von Sponsoren.

Alles nur Theater!

Egal, was auf die Bühne kommt: Beim ›Schauspielhaus‹ ging es in der Presse vor allem um die roten Zahlen des renommierten Hauses. Auch die Inszenierungen sind oft umstritten – vielleicht tritt unter Friedrich Schirmer etwas Ruhe ein. Hamburg hat es nicht verwunden, dass die ruhmreiche Intendanz von Frank Baumbauer vorbei ist. Viermal, 1994, 1996, 1997 und 2000, wurde das Haus am Hauptbahnhof unter seiner Führung zum Theater des Jahres gekürt. Wie das ›Schauspielhaus‹ hat auch Hamburgs zweites großes Haus, das ›Thalia-Theater‹, einen jungen Intendanten; Ulrich Khuon setzt das ›Thalia‹ ein erfolgreiches Konzept fort: klassische Moderne und modern inszenierte Klassiker sowie Werke junger Autoren.

Aber die beiden Großen haben reichlich Konkurrenz – und die belebt bekanntlich die Szene: Dritte im Bunde der städtischen Theater ist die ›Kampnagelfabrik‹, die sich als Spielstätte für internationale Gastspiele, freie Theatergruppen und Tanzperformances einen Namen gemacht hat. Da sind die ›Kammerspiele‹, die über 40 Jahre von Ida Ehre geprägt wurden und die in den letzten Jahren durch Ulrich Tukur und Ulrich Waller neuen Schwung bekommen haben. Es gibt das ›Theater für Kinder‹ und natürlich das ›Ohnsorg-Theater‹, den Freiluft-›Jedermann‹ in der Speicherstadt, das ›English Theatre‹, ein ›Theater in der Basilika‹, eins im ›Keller‹ und eins auf dem ›Schiff‹. Es gibt Boulevardtheater, das ›Schmidt‹ und das ›Schmidts Tivoli‹, die

▲ Erholungsmöglichkeit inmitten großer Geschichte: HamburgMuseum

▼ Die Düfte der weiten Welt im Gewürzmuseum

▼ Museum für Völkerkunde

▼ Jugendstil im Museum für Kunst und Gewerbe

▲ Altonaer Museum: für die maritime Sammlung bekannt ▼ Im Museum für Kunst und Gewerbe

zwei Frechen, die die Reeperbahn wieder belebt haben. Es gibt Musicals, Kleinkunst, Kabarett und Stegreiftheater ...

Die älteste Oper des Landes

Und die Oper? Da fällt vielen Hamburgern entweder das ›Phantom‹ ein, das jahrelang in der ›Neuen Flora‹ herumgeisterte, oder aber der in Ehren ergraute John Neumeier, der seit 30 Jahren das Ballett der Staatsoper leitet. Aber Musical ist in und Oper ist out, nicht nur an der Elbe. Sicher sind sich die wenigsten Hanseaten der Tatsache bewusst, dass Hamburg die erste öffentliche Oper Deutschlands besaß. Vom Gänsemarkt, wo sie 1678 gegründet wurde, ist sie mittlerweile ein paar hundert Meter weiter Richtung Dammtor gewandert. Hier erstrahlt der Fünfzigerjahrebau zwar frisch renoviert, aber der Stern der Hamburger Oper hat schon mal – zu Zeiten Rolf Liebermanns oder auch Günther Rennerts – heller geleuchtet. Und auch die Sponsorengelder wollen nicht mehr so fließen. Wehmütig gedenkt man der Zeit, als Hamburgs Industrieller Kurt A. Körber persönlich das Portemonnaie aufmachte.

SPECIAL

Ein Hamburger Drama

Gotthold Ephraim Lessing (1729–1781) ist einer der wenigen großen Dichter, Denker und Aufklärer, die man mit Hamburg verbindet. 1767 kam er als Dramaturg des Deutschen Nationaltheaters an die Elbe, hier wurde seine ›Minna von Barnhelm‹ uraufgeführt. In seiner ›Hamburgischen Dramaturgie‹ beschrieb er die in Hamburg aufgeführten Stücke. Die Textsammlung gilt als erste deutsche Dramenlehre und gab den Anstoß zu einer Reform des deutschen Theaters. Bereits Ende 1768 scheiterte das Nationaltheater, Lessing verließ Hamburg nur ungern. Als er später mit dem Hamburger Pastor Goeze über Grundlagen des christlichen Glaubens stritt, fiel er beim Rat der Hansestadt in Ungnade. Der untersagte der Presse sogar, über die Trauerfeier zum Tod des Dramatikers zu berichten.

Meilenweit Kunst

Auch die Deichtorhallen haben dem 1992 verstorbenen Maschinenbau-Fabrikanten viel zu verdanken. An der Stätte des

▲ Die ›Companhia de Dança Deborah Colker‹: Brasilien tanzt auf Kampnagel

▲ ›La vera storica‹ in der Staatsoper

▲ Museum für Kunst und Gewerbe: Der Spiegelsaal ist begehrt für Kammermusik

▼ Kleine Bühne auf wankendem Grund: das Theater-›Schiff‹

▼ *Der Malersaal ist die Experimentierbühne des Deutschen Schauspielhauses*

Großmarkts entstand dank der Körber-Stiftung einer der interessantesten Ausstellungsräume der Stadt. Jüngste Errungenschaft: das Fotozentrum, das der Fotograf F. C. Gundlach hier betreut.

Die Hallen bilden den Endpunkt der Hamburger Kunstmeile, die sich beiderseits des Hauptbahnhofs erstreckt. Schwerpunkt der beeindruckenden Meile ist die Kunsthalle mit ihrer Sammlung vom Mittelalter bis zur Neuzeit. Neben dem Bau im Stil der italienischen Renaissance steht die ›Galerie der Gegenwart‹. Der schlichte Würfel des Kölner Architekten O. M. Ungers war anfangs genauso umstritten wie sein avantgardistischer Inhalt. Aber selbst Museumsbesucher, für die Max Beckmann gerade noch akzeptabel gemalt hat, schleichen heimlich durch den Gang, der von der Kunsthalle in die unverständliche Gegenwart führt. Das Café der Galerie besitzt nämlich einen der wenigen Tische Hamburgs, von wo man sowohl Binnen- als auch Außenalster sehen kann.

SPECIAL

Kunst rund um die Alster

Hamburgs längste Kulturmeile liegt an der Alster. Bei einem Spaziergang rund um Binnen- und Außenalster trifft man alle 200 Meter auf eine Skulptur. Insgesamt sind es 34 Kunstwerke – ältestes ist die Barockputte am Neuen Jungfernstieg, jüngstes der künstliche Meteorit, den Thomas Stricker Sommer 2000 mit Besuchern im Alsterpark schuf.

Unbemerkt von vielen Hamburgern hat sich noch eine zweite Museumsmeile entwickelt – in der Speicherstadt, die selbst wie ein einziges Freilichtmuseum wirkt, gibt es mittlerweile neun Ausstellungsorte. Darunter das kleine, exotisch riechende Gewürzmuseum oder auch den ›Dialog im Dunkeln‹, der die Besucher in absoluter Finsternis das Unsichtbare entdecken lässt.

Museumsmuffeln sei der Museumshafen in Neumühlen empfohlen. Hier, wo alte Schiffe dümpeln, gibt es schlichtes Flaschenbier aus der Kiste auf einem gerade zu Besuch eingelaufenen Eisbrecher oder Bockwurst an Deck der als Hafenfähre pensionierten ›Bergedorf‹.

HAMBURG
SCHENEFELD
EIDELSTEDT
LURUP
SÜLLDORF
ISERBROOK
OSDORF
BLANKENESE
NIENSTEDTEN
GROSS FLOTTBEK
OTHMARSCHEN
OTTENSEN
ALTONA
BAHRENFELD
STELLINGEN
EIMSBÜTTEL
LOKSTEDT
NIENDORF
GROSS-BORSTEL
ALSTERDORF
OHLSDORF
EPPENDORF
WINTERHUDE
BARMBEK
BRAMFELD
FARMSEN
HELLBROOK
DULSBERG
WANDSBEK
TONNDORF
RAHLSTEDT
Stapelfeld
Braak
Barsbüttel
JENFELD
MARIENTHAL
HARVESTEHUDE
ROTHERBAUM
UHLENHORST
HAMM
HORN
ST. PAULI
ST. GEORG
BORGFELDE
HAMMERBROOK
BILLSTEDT
Oststeinbek
GLINDE
REINBEK
MÜMMELMANNSBERG
Havighorst
BILLBROOK
BOBERG
LOHBRÜGGE
BILLWERDER
MOORFLEET
HINSCHENDORF
Wentorf
BERGEDORF
NETTELNBURG
NEUALLERMÖHE
ALLERMÖHE
CURSLACK
REITBROOK
ACHTERDEICH
FÜNFHAUSEN
NEUENGAMME
HOHE DEICH
GAUERT
OCHSENWERDER
SPADENLAND
MOORWERDER
Bullenhausen
Groß Moor
Over
HULAAKE
KIRCHDORF
WILHELMSBURG
VEDDEL
G.-WERDER
STEINWERDER
HAFENCITY
NEUHOF
WALTERSHOF
ALTENWERDER
MOORBURG
FINKENWERDER
NEUENFELDE
FRANCOP
HOHENWISCH
NINCOP
NEUGRABEN
NEUWIEDENTHAL
FISCHBEK
HEIMFELD
HARBURG
EISSENDORF
WILSTORF
MARMSTORF
SIEDL. FALKENBERG
Neu Wulmstorf
Wulmstorf
Daerstorf
Alvesen
Ehestorf
Elbe
Norderelbe
Süderelbe
Alte Süderelbe
Dove Elbe
Gose Elbe
Mühlenberger Loch
Außenalster
Außenmühlenteich
Öjendorfer See
Hohendeicher See
Elbtunnel
Köhlbrand
Kohlbrandbrücke
Carl Hagenbecks Tierpark
Color Line Arena
AOL Arena
Trabrennbahn
Neue Flora
Messe
Rathaus
Millerntor-Stadion
Operettenhaus
St. Michaelis
Reitturnierplatz
Horner Rennbahn
Wildpark Schwarze Berge
Freilichtmuseum Am Kiekeberg
Dreieck HH-Nordwest
HH-Eidelstedt
HH-Stellingen
HH-Volkspark
HH-Bahrenfeld
HH-Othmarschen
HH-Waltershof
HH-Moorburg
HH-Heimfeld
Dreieck HH-Südwest
HH-Marmstorf
HH-Wilstorf
HH-Harburg-Mitte
HH-Neuland
HH-Wilhelmsburg-S.
HH-Stillhorn
HH-Georgswerder
HH-Veddel
Kreuz HH-Süd
Dreieck HH-Südost
HH-Moorfleet
HH-Allermöhe
HH-Neuallermöhe-West
HH-Nettelnburg
HH-Bergedorf
HH-Curslack
Kreuz HH-Billstedt
HH-Öjendorf
Kreuz Hamburg-Ost
HH-Jenfeld
HH-Horn
Hamburg-Harburg
Maßstab 1:100.000
0
1,5 km

Infos

Kunstgenuss, möglich auch vor der Laeiszhalle

Theater

Rund 30 Theaterbühnen präsentieren in Hamburg allabendlich die Bretter, die die Welt bedeuten. Eine Auswahl:

Städtische Theater: Mit dem 1899 gegründeten **Deutschen Schauspielhaus** 16 sind so große Intendantennamen wie Gustav Gründgens (1955–1963), Peter Zadek (1985 bis 1989) und Frank Baumbauer (1993–2000) verbunden. Das Haus hat sich bis heute seine Experimentierfreudigkeit vor allem im **Malersaal** erhalten (Kirchenallee 39, Tel. 248710, www.schauspielhaus.de; Kasse Mo. bis Sa. 10.00–18.00, So. 10.00–13.00 Uhr).

Das 1843 gegründete **Thalia-Theater** 15 machte sich vor allem unter Boy Gobert (1969–1980) und Jürgen Flimm (1985 bis 2000) einen Namen. Bis heute stehen immer wieder moderne Klassiker auf dem Programm (Alstertor 1, Tel. 32814444, www.thalia-theater.de; Kasse Mo.–Sa. 10.00–19.00 So. und Fei. 16.00–18.00 Uhr). Zeitgenössische Stücke werden vor allem in der Dependance (Thalia in der Gaußstraße) in Bahrenfeld gespielt.

Die ehem. Maschinenfabrik **Kampnagel** 2 in Winterhude war 1981 vom Schauspielhaus als Ausweichstätte während der Renovierung entdeckt worden. Die Besetzung der vom Abriss bedrohten Fabrik durch freie Theatermacher führte dazu, dass Kampnagel seit 1989 als städtische GmbH arbeiten darf (12 000 m² auf vier parallel bespielbaren Bühnen). Auch unter Intendantin Gordana Vnuk das bewährte Programm: avantgardistisches Theater, internationale Gastspiele, Tanz und Performances (Jarrestraße 20, Tel. 27094949, www.kampnagel.de; Kasse Mo.–Fr. 13.00 bis 19.00, Sa., So. und Fei. 16.00–19.00 Uhr).

Private Theater: Ein überwiegend klassisches Repertoire zeigt das feste Ensemble des **Altonaer Theaters** 9 (Museumsstraße 17, Tel. 39905870, www.altonaer-theater.de; Kasse Mo.–Fr. 10.00–18.00, Sa. bis 15.00 Uhr).

Zwei Konzepte für ein Haus: Seit über 20 Jahren bietet das Ehepaar Deeken dem **Theater für Kinder** 9 eine Bühne. 1996 folgte die Gründung des **Alleetheaters**, einer Kammeroper, die Raritäten auf die Bühne bringt. Sie werden für Kammerensembles arrangiert – und zusammen mit einem Menü angeboten (Max-Brauer-Allee 76, Tel. 382959, www.alleetheater.de und Tel. 382538, www.theater-fuer-kinder.de; Kasse Mo.–Fr. 10.00 bis 18.00, Sa. und So. 11.00–16.00 Uhr).

Niederdeutsches Platt, meist traditionell, mal experimentierfreudig, aber fast immer mit gut gelauntem Publikum: Das **Ohnsorg-Theater** 15 ist bundesweit durch das Fernsehen bekannt (Große Bleichen 23, Tel. 35080321, www.ohnsorg.de; Kasse Mo.–Sa. 10.00–19.00, So. 14.00–18.00 Uhr).

Das Theater im Uni-Viertel gehörte dem Jüdischen Kulturbund Hamburg. 1945 wurde es als **›Hamburger Kammerspiele‹** 7 von Ida Ehre neu belebt und zu einer der führenden modernen Bühnen im Nachkriegsdeutschland gemacht. Nach ihrem Tod 1989 gab es wechselnde Intendanzen und Konzepte (Hartungstraße 9–11, Tel. 0800/4133440, www. hamburger-kammerspiele.de; Kasse Mo.–Fr. 9.00–19.00, Sa. bis 16.00 Uhr).

Boulevardtheater mit Fernsehprominenz sowie engagierte Ein- oder Zwei-Personenstücke zeigt die **Komödie Winterhuder Fährhaus** 1 (Hudtwalkerstraße 13, Tel. 48068080, www.komoedie-winterhuder-faehrhaus.de; Kasse Mo.–Sa. 11.00–18.00, So. 14.00–17.00 Uhr).

Die Witwe des Theatergründers Friedrich Schütter, Isabelle Vértes-Schütter, übernahm 1995 die künstlerische Leitung des **Ernst-Deutsch-Theaters** 5; es bietet nach wie vor zeitkritisches und unterhaltsames Theater (Friedrich-Schütter-Platz 1, Tel. 22701420, www.ernst-deutsch-theater.de; Kasse Mo.–Sa. 10.00–18.30, So. 15.00–18.00 Uhr).

Britische Bühnenkultur, wie sie leibt und lebt im **English Theatre** (Lerchenfeld 14, Tel. 2277089, www.englishtheatre.de; Kasse Mo. bis Fr. 10.00–14.00 und 15.30–19.30, Sa. 15.30–19.30 Uhr).

Weitere Theater: Theater auf St. Pauli, Kabarett, Kleinkunst und Musiktheater s. S. 88.

TIPP

Prüfungskonzerte

In der Hochschule für Musik und Theater 6 geben die Diplomanden ihre Prüfungskonzerte vor Publikum. Hier kann man sehr einfallsreiche Inszenierungen erleben. Außer bei Opern und großen Konzerten ist der Eintritt frei (Harvestehuder Weg 12, Tel. 428482576).

SPECIAL

Johannes Brahms

Da haben die Hamburger ein Genie in ihrer Stadt und wissen es nicht zu würdigen: Zweimal bewarb sich Brahms (1833–1897) als Dirigent der Philharmonischen Gesellschaft, und zweimal wurde er abgelehnt. Brahms wurde im Gängeviertel, dem Arbeiterlabyrinth in der Neustadt, geboren. Mit zehn Jahren trat er das erste Mal öffentlich auf. Mit 30 zog er nach Wien, kehrte aber immer wieder für Konzerte in die Heimat zurück. Erst nach langen Debatten in Bürgerschaft und Senat rang man sich 1889 dazu durch, ihm die Ehrenbürgerschaft zu verleihen. Nach seinem Tod wuchs der Stolz auf den begabten Sohn: Der Hamburger Senat verleiht seit 1928 eine Medaille für Verdienste um sein Werk, und seit 1969 gibt es eine Brahms-Gesellschaft. Rechtzeitig zum 100. Todestag wurde der Platz vor der Musikhalle nach dem Komponisten benannt. Und in der Peterstraße, in der Nähe seines 1943 zerstörten Geburtshauses, kann man mittlerweile eine Brahms-Gedenkstätte besuchen.

Oper und Konzert

Städtische Häuser: In der 1678 gegründeten **Hamburgischen Staatsoper** 15 hat die weltweit erfolgreichste Orchesterdirigentin Simone Young die künstlerische Leitung; ihr Vorgänger Ingo Metzmacher wurde 1998 seinen ›Wozzeck‹ zum Dirigenten des Jahres gewählt. Die kleine **Opera Stabile** gilt als Experimentierbühne. Seit 1973 leitet John Neumeier das international gefeierte Ballett der Staatsoper; begehrt sind seine sonntäglichen Ballett-Werkstätten (Dammtorstraße 28, Tel. 356868, www.hamburgische-staatsoper.de; Kasse Mo.–Sa. 10.00–18.30 Uhr).

Die 1908 eingeweihte **Laeiszhalle – Musikhalle Hamburg** 12 im neubarocken Stil (M. Haller, E. Meerwein), eine Stiftung der Reederfamilie Laeisz, hat zwei Säle. Im großen mit rund 1900 Plätzen spielen nicht nur das eigentlich zur Oper gehörende Philharmonische Staatsorchester oder die Hamburger Symphoniker, sondern auch Popmusiker

(Johannes-Brahms-Platz, Tel. 346920, www.laeiszhalle.de; Kasse Mo.–Fr. 11.00 bis 18.00/ 20.00 Uhr).

Andere Häuser: Im prächtigen **Spiegelsaal** (16) aus dem Harvestehuder Budge-Palais werden Kammermusik und Lieder gegeben. Er diente dem Bankiersehepaar Budge Anfang des 20. Jh. als Begegnungsstätte internationaler Künstler. 1980 musste er der Erweiterung der Musikhochschule, die im Palais untergebracht ist, weichen und wurde im Museum für Kunst und Gewerbe wieder aufgebaut (Steintorplatz, Tel. 24862827; Karten über Konzertkasse Gerdes, Tel. 440298).

Die 1931 erbaute und 1938 geschändete Synagoge wurde 1953 vom Norddeutschen Rundfunk erworben und zum Studio umgebaut (7). Hier finden u. a. Konzerte des Sinfonieorchesters und des Chors des Norddeutschen Rundfunks statt (Rolf-Liebermann-Studio des NDR, Oberstraße 120, Tel. 41560, www.ndr.de; Karten über Classic Center Tel. 354414).

Hamburger Kammeroper im Alleetheater, s. bei Theater.

Festivals: Musik- und Theaterfestivals s. S. 91.

Museen und Galerien

Hamburg verfügt über 50 Museen, Sammlungen und Ausstellungsorte – vom Alstertal- bis zum Zoologischen Museum. Eine Auswahl:

Kunstmeile am Hauptbahnhof (16): Ein Rundgang von der Renaissance bis zur Gegenwart ermöglichen die **Hamburger Kunsthalle** und die **›Galerie der Gegenwart‹**. Schwerpunkte bilden deutsche Maler des 19. Jh. und Kunst aus dem frühen 20. Jh. wie C. D. Friedrich, Nolde, Beckmann, Kokoschka und Klee. Alfred Lichtwark, ab 1886 erster Direktor der Kunsthalle, begründete das Renommé der Sammlung durch Wiederentdeckung der Hamburger Maler Meister Bertram und

Hamburgs Deutsches Schauspielhaus

Meister Francke. Der Erweiterungsbau ›Galerie der Gegenwart‹ (1997) widmet sich der zeitgenössischen Kunst seit 1960; im Neubau ein Museum für Horst Janssen (1929–1995), den Hamburger Künstler (Glockengießerwall, Tel. 428131200, www.hamburger-kunsthalle.de; Di.–So. 10.00–18.00, Do. bis 21.00 Uhr).

Eine Kulturreise von der Antike bis zur Gegenwart bietet das **Museum für Kunst und Gewerbe**. Schwerpunkte sind u. a. Kunst des Islams und Ostasiens, Jugendstil, Design und Fotografie. Zu verdanken ist das faszinierende, rund 125 Jahre alte Haus seinem ersten Direktor Justus Brinckmann, auf dessen Sammlertätigkeit noch heute 80 % der Exponate zurückgehen (Steintorplatz 1, Tel. 428542732, www.mkg-hamburg.de; Di.–So. 10.00–18.00, Do. bis 21.00 Uhr).

Im **Kunsthaus** Ausstellungen zeitgenössischer – vor allem Hamburger – Künstler (Klosterwall 15, Tel. 335803; Di.–So. 11.00 bis 18.00, Do. bis 21.00 Uhr).

In der ehem. Markthalle befinden sich die Räume des ältesten **Kunstvereins** Deutschlands (1817). Wechselausstellungen moderner Kunst und klassischer Moderne (Klosterwall 23, Tel. 338344, www.kunstverein.de; Di.–So. 11.00–18.00, Do. bis 21.00 Uhr). In derselben Halle auch die **Freie Akademie der Künste**; die Vereinigung von Künstlern der unterschiedlichsten Disziplinen organisiert Ausstellungen, Vorträge, Konzerte und Diskussionen (Klosterwall 23, Eingang Treppenturm, Tel. 324632, www.freie-akademie-der-kuenste.de; Di.–So. 11.00–18.00 Uhr).

Die beiden **Deichtorhallen**, ehem. Markthallen von 1914, wurden in beeindruckende Ausstellungsräume für Gegenwartskunst verwandelt (Sponsor Kurt A. Körber, Architekt Josef Paul Kleihues); die südliche der Hallen betreut der Fotograf und Sammler Prof. F. C. Gundlach als Kurator (Deichtorstraße 1, Tel. 321030, www.deichtorhallen.de; Di.–So. 11.00–18.00 Uhr).

Weitere Kunst- und Künstlermuseen: Das **Bucerius Kunstforum** (15) ist 2002 durch eine Stiftung des ›Zeit‹-Gründers und ›Stern‹-Verlegers Gerd Bucerius (1906–1995) entstanden. Hier präsentieren Gastkuratoren Ausstellungen (z. T. mit öffentlichen Symposien in Kooperation mit der Uni), die Zusammenhänge zwischen verschiedenen Epochen, Disziplinen und Kulturen aufzeigen (Rathausmarkt 2, Tel. 3609960, www.buceriuskunstforum.de; tgl. 11.00–19.00 Uhr).

Im Beyling-Stift von 1751 in der ›Traditionsinsel‹ Peterstraße (s. S. 33) sind Erinnerungsstücke an den Hamburger Komponisten **Johannes Brahms** (12) ausgestellt: Partituren, Manuskripte, Fotos und mehr (Peterstraße 39; Di. und Do. 10.00–13.00, jeden 1. So. im Monat 11.00–14.00 Uhr).

Kunst auf St. Pauli: Das **Erotic Art Museum** (11) zeigt erotische Bilder und Skulpturen (Bernhard-Nocht-Straße 69, Tel. 3178410, www.eroticartmuseum.de; So.–Do. 12.00 bis 22.00, Fr. und Sa. 12.00–24.00 Uhr).

In einem weißen Atriumbau (1962, Werner Kallmorgen) im Jenischpark ist eine der bedeutendsten Ausstellungen der Werke des Bildhauers, Grafikers und Schriftstellers **Ernst Barlach** (8) (1870–1938) zu sehen (Ernst Barlach Haus, Baron-Voght-Straße 50a, Jenischpark, Tel. 826085, www.barlach-haus.de; Di.–So. 11.00–18.00 Uhr). Sie ist dem Hamburger Kaufmann Hermann F. Reemtsma zu verdanken, der sich nach einer Begegnung mit dem von den Nazis verfemten Künstler zum Sammler der Werke Barlachs entwickelt hatte. Barlach wurde im

Im prachtvollen Treppenhaus der Kunsthalle

TIPP

Museums-Cafés

Nicht nur für Museumsfans eine schöne Ruhepause: die stilvolle ›Destille‹ im Museum für Kunst und Gewerbe, das ›Café Fees‹ im HamburgMuseum, wo man auch im Winter unterm Glasdach draußen sitzen kann, oder auch das ›Café Liebermann‹ in der Säulenhalle des Kunsthallen-Altbaus. Im Altonaer Museum wird in einer ›Vierländer Kate‹ gespeist. Das nüchterne Café in der ›Galerie der Gegenwart‹ besticht dagegen mehr durch seinen Alsterblick.

Infos

Gigantischer Bohrkopf: ›Trude‹ vor dem Museum der Arbeit

nahen Wedel geboren, wo sich das **Ernst Barlach Museum** befindet (Mühlenstraße 1, Tel. 04103/918291, www.Ernst-Barlach.de; Di.–So. 11.00–17.00 Uhr).

Galerien: Hamburg ist eine Kunststadt. Vor allem in der Innenstadt sind unzählige Galerien zu finden – von Spezialisten für ›Seestücke‹ bis zu modernster Kunst. Eine Auswahl:

Julia Söckeland und Nasim Weiler zeigen in einer alten Altonaer Fabrik internationale Gegenwartskunst, Neues und Bewährtes (art agents gallery, Wilstorfer Straße 71, Tel. 8997551, www. artagents.de). Das **Galerienhaus auf der Fleetinsel** (Admiralitätsstraße 71) vereint hochkarätige Galerien sowie eine Kunstbuchhandlung unter einem Dach, u. a. Dörrie+Priess (Tel. 364131, www.doerrie-priess. de), Galerie für Landschaftskunst (Tel. 37503068), Ascan Crone (Tel. 4134440), Karin Günther (Tel. 37503450) und Sfeir-Semler (Tel. 37519940, www.sfeir-semler.de). Horst Janssen, 1920er- und 1930er-Jahre und mehr in der **Galerie Brockstedt** (Magdalenenstraße 11, Tel. 4104091, www.galerie brockstedt.de).

Besonderer Art ist die **›Galerie der Schlumper‹**, in der so genannte geistig Behinderte in einer Weise Malerei, Grafik und Skulptur ›produzieren‹, dass deren Werke gesuchte Sammelobjekte wurden (Neuer Kamp 30, Tel. 43254270, www.schlumper.de; Di.–Fr. 15.00–19.00, Sa. 7.00–17.00 Uhr).

Andere Museen: Exponate zur Kunst- und Kultur Norddeutschlands sowie zum Leben in der Fischerei und Schifffahrt präsentiert das **Altonaer Museum** ⑨ als Norddeutsches Landesmuseum. Schön der alte Kaufmannsladen und die Galionsfiguren (Museumsstraße 23, Tel. 428113582, www.hamburg. de/Altonaer-Museum; Di.–So. 11.00 bis 18.00 Uhr). Großbürgerliche Wohnkultur ist im **Jenischhaus** ⑧ zu sehen, einer Außenstelle im Jenischpark für Kunst und Kultur an der Elbe (Baron-Voght-Straße 50, Tel. 828790; Di.–So. 11.00–18.00 Uhr).

Den ›Walddörfern‹ an der oberen Alster ist das **Alstertalmuseum** gewidmet (außerhalb des Kartenausschnitts; Wellingsbüttler Weg 75a, Tel. 5366679, www. alstertalmuseum.de; Sa. und So. 11.00–13.00 und 15.00–17.00 Uhr, Eintritt frei).

Stadtgeschichte von den Anfängen Hamburgs um 800 bis zur Gegenwart sind im TOP ZIEL imposanten Schumacherbau des **Hamburg Museums** (Museum für Hamburgische Geschichte) ⑫ vereint: u. a. die Hammaburg, der Kampf gegen die Piraten, eine Kaufmannsdiele aus dem 17. Jh., eine Segelmacherei und der Wiederaufbau nach 1945. Auch die **Krameramtsstuben** ⑬ (s. S. 33) gehören dazu (Holstenwall 24, Tel. 4281322380, www.HamburgMuseum.de; Di.–Sa. 10.00 bis 17.00, So. bis 18.00 Uhr).

Der Ur- und Frühgeschichte Norddeutschlands sowie der Stadt- und Regionalgeschichte des Stadtteils Harburg ist das **Helms-Museum** ⑰ gewidmet (Harburger Rathausplatz 5, Tel. 428712497, www.helmsmuseum. de; Di.–So. 10.00–17.00 Uhr).

Hamburgs weltweite Handelsbeziehungen legten den Grundstein für das **Museum für Völkerkunde** ⑦, das Sammlungen mit Kunst- und Kulturgütern aus allen Erdteilen zeigt und einen Rundgang durch Alt-Ägypten, Afrika, Europa, Indonesien, die Südsee und Amerika bietet. Spannend sind das Maori-Versammlungshaus oder auch die dämonischen Südseemasken, 1910 von der Hamburger Südsee-Expedition mitgebracht. Das Museum ist in einem der neobarocken ›Staatsbauten‹ (1907–1911) beheimatet (Rothenbaumchaussee 64, Tel. 01805308888, www.voelkerkundemuseum.com; Di.–Sa. 10.00–18.00, Do. bis 21.00 Uhr).

Das **Museum der Arbeit** ③ ist 1997 als letztes der staatlichen Museen Hamburgs auf dem Gelände der früheren ›Hamburger Gummi-Waaren Compagnie von 1871‹ gegründet worden und präsentiert Arbeits- und Alltagswelt im Industriezeitalter. Beeindruckend: ›Trude‹, die riesige Bohrscheibe vor dem Museum – sie steht für ›tief runter unter die Elbe‹ und bohrte die vierte Elbtunnelröhre (Wiesendamm 3, Tel. 4281330, www. museum-der-arbeit.de, Mo. 13.00–21.00, Di. bis Sa. 10.00–17.00, So. 10.00–18.00 Uhr).

Im **Museumshafen Oevelgönne** ⑩ ankern Vertreter der Kleinschifffahrt: der Lühe-Ewer ›Elfriede‹, eine Polizei-Dampfbarkasse, der Eisbrecher ›Stettin‹ und ein alter Schwimmkran (Anleger Neumühlen; immer zugänglich; www.museumshafen-oevelgoenne.de). Einige Minuten elbabwärts ist die **Oevelgönner Seekiste** (Övelgönne 61, Tel. 85358825, www.museum-seekiste.de; Fr., Sa. und So. 15.00–19.00, So. auch 10.00–13.00 Uhr) zu finden, ein kleines Museum mit maritimen und auch kuriosen Exponaten.

Puppen und Puppenstuben aus drei Jahrhunderten sind in der weißen Bauhausvilla des **PuppenMuseums Falkenstein** (Landhaus Michaelsen, 1923–1924) im Sven-Simon-Park hoch über der Elbe zu sehen (außerhalb des Kartenausschnitts; Grotiusweg 79, Tel. 810582; Di.–So. 11.00–17.00 Uhr).

Schloss Bergedorf (s. auch S. 107) beherbergt das **Museum für Bergedorf und die Vierlande** (Tel. 428912894; Di.–Do., Sa. und So. 11.00–18.00 Uhr) mit Jugendstilcafé.

Zoologisches Museum ⑦ s. S. 60.

Freilichtmuseen: Museumsdorf Volksdorf (s. S. 105), **Freilichtmuseum am Kiekeberg** in den Harburger Bergen und **Freilichtmuseum Rieck-Haus** (s. S. 107).

Speicherstadt ⑭: Museen der Speicherstadt s. S. 45.

SPECIAL

Dem Foto ein Forum

Das ist längst keine Frage mehr: Fotografie ist Kunst. Und lange fehlte dieser Form bisher der passende Rahmen. Mit dem neuen Fotozentrum in der südl. Deichtorhalle, das der bekannte Modefotograf und passionierte Sammler F. C. Gundlach leitet, schaffte Hamburg Abhilfe. So kann Gundlach seine rund 12 000 Bilder umfassende Sammlung in Hamburg belassen. Die Hansestadt hat traditionell einen Bezug zur Fotografie. Schon 1893, in den Kindertagen der neuen Kunst, veranstaltete Alfred Lichtwark als Direktor der Kunsthalle eine ›Internationale Ausstellung von Amateurphotographien‹. Andere Hamburger Museen folgten dem Beispiel, und Hamburg wurde um 1900 Zentrum der deutschen Kunstfotografie – was es gut 100 Jahre später wieder sein will.

Viel Spaß mit Open End

Wer nach Hamburg kommt, kann was erleben. Und das vor allem auf St. Pauli, das derzeit angesagter ist als zu Hans Albers' Zeiten. Zwischen Sexshops und Nachtclubs wuchert eine wilde Mischung aus Theater und Livemusik, Kneipen und Kaschemmen. Hier gibt's alles, nur keine Sperrstunde – was für die ganze Stadt gilt. Die Zeit braucht man auch, um nichts zu versäumen. Denn Hamburg ist Deutschlands Gourmet-Hauptstadt und die Musicalmetropole Nummer eins. Und irgendwo findet immer ein Rock-, Jazz, Techno- oder Hiphop-Event statt.

Marc Anthony präsentiert zu Gunsten der Aids-Initiative ›Hamburger Leuchtfeuer‹ eine Kollektion im ›Gastwerk‹.

▲ Perfekte Präsentation im ›Dollhouse‹

▼ ›Noce latina‹ in der ›Großen Freiheit 36‹

▲ Hier wählt bekannterweise die Dame: ›Café Keese‹

▲ Für seine plüschige Atmosphäre bekannt: ›Prinzenbar‹

▲ Bunt ist es in der Großen Freiheit

▼ Die ›Fabrik‹ besitzt eine einzigartige Stimmung

Vielleicht ist es das, was den Reiz von St. Pauli ausmacht: Hier ist alles erlaubt. Sogar das Anständigsein. Wenn nette Ehepaare aus der Vorstadt ihren Hochzeitstag im ›Café Keese‹ feiern, dann stört das die leichten Mädchen am Hans-Albers-Platz genauso wenig wie die schweren Jungs, die sich gerade den Schädel tätowieren lassen. Rund um die Reeperbahn gilt die große Freiheit. Und immer noch werden in den Musikclubs Trends gesetzt, wenn auch nicht ganz so spektakulär wie zur Zeit der Beatles: Der ›Mojo Club‹ an der Reeperbahn war jahrelang richtungweisend in Sachen Dancefloor-Jazz und Pop-Literatur, und der ›Golden Pudel Club‹ am Fischmarkt gehört zu den Wegbereitern des deutschen Hiphop.

Auch die Theaterszene boomt seit Jahrzehnten, Corny Littmann und Ernie Reinhard alias Lilo Wanders sei es gedankt. Ihr Theater hat mit der ›Pension Schmidt‹ die erste deutsche Soap-Opera auf die Bühne gebracht. Seitdem ist in Hamburg Blödsinn gesellschaftsfähig. Ohne den Vater und die Mutter der beiden Schmidtschen Theater wäre die Reeperbahn nicht das, was sie heute ist.

St. Pauli: Kiez, Dom und FC

Aber St. Pauli ist nicht nur der Kiez. Es ist auch ein altes Hafen- und Arbeiterviertel, ein ganz eigenes Wohnquartier. Die Menschen, die hier leben, haben eine besondere Anhänglichkeit an ihren Stadtteil entwickelt. Und da nehmen sie den nächtlichen Rummel genauso hin wie den Müll, den die Nachtschwärmer in den Straßen hinterlassen. Nur wenn dreimal im Jahr ›Dom‹, sprich Jahrmarkt, auf dem Heiligengeistfeld ist und man als Anwohner sein Auto am besten wochenlang stehen lässt, um den Parkplatz nicht zu gefährden, dann wird auch mal gemeckert.

Die Zuschauer, die zum Millerntorstadium kommen, um den FC St. Pauli zu sehen, sind da schon eher gelitten. Schließlich steht das Viertel zu seinem Verein, egal wie tief der Abstieg auch sein mag. Dass jetzt Corny Littmann, der alte Kieztheaterhase, dem Verein als Präsident vorsteht, stärkt das Wir-Gefühl. Für echte St. Paulianer ist die schicke AOL-Arena im Volkspark, wo der HSV spielt, jedenfalls tabu.

▲ Von einem Jahrmarkt im Kirchenschatten zu einem Riesenrummel: Hamburger ›Dom‹

▼ ›Schmidtshow‹: Weltgrößen eine Bühne

▲ Das Deutsche Galoppderby in Horn …

▼ … ist ein Ereignis mit viel Prominenz

▲ ›G-Move‹, Hamburgs Loveparade ▼ ›Mamma Mia‹ im Operettenhaus

Musik von House bis Jazz

Wer Pech hat, ist zur falschen Zeit am falschen Ort. Zu spät bei der Afterworkparty oder am Hafenkai, wo der Elbdampfer mit House-Beschallung gerade abgelegt hat. Zu früh in der Disko, wo es erst um ein Uhr morgens losgeht. Oder womöglich ganz und gar am falschen Ort. Denn jenseits von St. Pauli ist die Hamburger Szene breit gestreut. Das erspart den Stadtteilhockern weite Wege, macht aber für Besucher das Ausgehen komplizierter. Wer keinen einheimischen Partygänger zur Seite hat, sollte sich besser ein Stadtmagazin besorgen. Sonst verpasst er garantiert die wichtigsten Sachen. Und die finden nicht nur in den neueren Musiktempeln wie dem ›Schlachthof‹ im Karolinenviertel oder dem ›Hafenklang‹ an der Großen Elbstraße statt.

SPECIAL

Der Kiez und die Beatles

Im August 1960 fuhr eine unbekannte Liverpooler Band im Minibus nach Hamburg. Sie nannten sich die Beatles und traten im ›Indra‹ in der Großen Freiheit, im benachbarten ›Kaiserkeller‹ und im ›Top Ten Club‹ auf der Reeperbahn auf. Die Musik von John Lennon, Paul McCartney, George Harrison, Pete Best und Stuart Sutcliffe begeisterte, traf den Nerv der Zeit, doch erst das Engagement im 1962 eröffneten ›Star Club‹ brachte den Durchbruch. Der Aufstieg zu einer der bedeutendsten Bands der Popgeschichte begann – allerdings mit Ringo Starr statt Sutcliffe. Am 1. Januar 1963 verließen die Beatles Hamburg und kamen nur noch einmal wieder: Im Juni 1966 gaben sie als umjubelte Weltstars zwei Konzerte in der Ernst-Merck-Halle.

Selbst Oldtimer wie das ›Logo‹ bei der Uni und die Altonaer ›Fabrik‹ mischen noch mit, obwohl sie aus Zeiten stammen, da man Wörter wie ›Kommunikationszentrum‹ kreierte. Und auch andere Veteranen haben sich in die Postmoderne gerettet: Im ›Cotton Club‹ wird nach wie vor gejazzt, im ›Grünspan‹ versammeln sich bald drei Generationen von Diskogängern und im ›Café Keese‹ die Liebhaber von Damenwahl.

▲ *Großartige Lage, wunderbarer Blick: Das ›Hotel Atlantic‹ an der Außenalster wurde 1909 eröffnet*

▲ *Alte Industriearchitektur mit aktueller Nutzung: ›Elixia‹ in Bahrenfeld*

▼ *Ernährungsbewusste rühmen das ›Hotel Schanzenstern‹*

▲ *Der einzige Außenschmuck des schlichten Luxushotels*

▲ *Eines der Cafés im Karolinenviertel: ›Oriental‹* ▼ *Industriearchitektur gastlich: ›Gastwerk‹*

Gut gebrüllt, Löwe

Ob Oldierevuen im ›Delphi‹, musikalische Parodien wie ›Sekretärinnen‹ im Schauspielhaus oder Rock-Musical im ›Ohnsorg Theater‹: Seit Jahrzehnten swingt und singt es auf Hamburger Bühnen, so wie in keiner anderen deutschen Stadt. Musiktheater, Revuen und Musicals füllen allabendlich die Säle. Am ausdauerndsten sprangen die ›Katzen‹ im Operettenhaus auf der Reeperbahn herum. Das Abba-Musical ›Mamma mia‹, das nunmehr hier gegeben wird, soll, bitte schön, diesen Erfolg wiederholen.

SPECIAL

Sportstadt mit Zukunft

Hamburgs Sportszene ist in Bewegung. Um die neue Color Line Arena am Volkspark regelmäßig zu füllen, durfte der bankrotte Eishockey-Verein ›München Barons‹ als ›Hamburg Freezers‹ wieder auferstehen, und das Handball-Team aus dem schleswig-holsteinischen Bad Schwartau erhielt als ›HSV Handball‹ höhere Weihen. Dazu gab es noch die HEW-Cyclassics, die deutschen Meisterschaften im Degen-Fechten im Cinemaxx-Kino, einen Triathlon-Weltcup mit Schwimmen in der Alster, Beach-Volleyball auf dem Rathausmarkt. Es ist nicht zu übersehen: Hamburg will sich als Sportstadt weiter profilieren. Dabei konnte sich das sportliche Angebot an der Elbe schon immer sehen lassen. Die ›German Open‹ sind eines der bedeutendsten Sandplatzturniere für die Tennisherren der Welt. Geradezu klassisch ist seit 80 Jahren beim Spring- und Dressurderby auf dem Klein-Flottbeker Parcours das Verweigern vor ›Pulvermanns Grab‹. Und weht über Hamburg-Horn beim Deutschen Derby nicht ein Hauch von Royal Ascot?

Die Pleite des langjährigen Musicalkönigs Stella, der in der ›Neuen Flora‹ Schiffbruch erlitt – passenderweise gab es daraufhin hier das Musical ›Titanic‹, während heute der ›Tanz der Vampire‹ die Bühne beherrscht –, hat die Musicaleuphorie in Hamburg nur kurzfristig gedämpft. Das ist vor allem dem ›König der Löwen‹ zu verdanken, der im Hafentheater brüllt, und das wirklich eindrucksvoll. Schon die Anfahrt mit der Barkasse über die Elbe stimmt auf das exotische Spektakel ein.

▲ *Größter Biergarten: ›Landhaus Walter‹*

▼ *›Side Hotel‹ mit ungewöhnlicher Gestaltung*

▼ *Näher am Wasser geht es nicht : ›Engel‹ in Teufelsbrück*

▼ *Edler lässt sich Fisch kaum essen: ›Rive‹ am Fischereihafen*

▼ Seit Jahrzehnten: ›Fischerhaus‹ an der Hafenstraße ▲ Neben dem ›Michel‹: ›Hafen Hamburg‹

Sterne am Gourmethimmel

Hamburgs Köche haben den Elbrand entdeckt, wo beim Aperitif Barkassen nach Blankenese vorbeituckern, beim Hauptgang Containerkolosse auf dem Weg nach Rio die Tische leicht erzittern lassen und beim Dessert Frachter aus Shanghai einlaufen. Wenn das Essen in den Edelrestaurants auf Dauer hält, was der grandiose Ausblick – und die Preise – versprechen, hat Hamburg zwischen Fischmarkt und Övelgönne eine einzigartige Gourmetmeile bekommen. Und das noch, bevor der Umbau des Elbrands richtig fertig ist. Das ›Rive‹ im ehemaligen Englandfährterminal wurde immerhin schon mit dem Bib-Gourmand für sein Preis-Leistungs-Verhältnis ausgezeichnet.

Überhaupt: In puncto Auszeichnung ist Hamburg Spitze. Stolz werden die neun Michelinsterne-Restaurants gezählt, mit denen man die ewigen Rivalen Berlin und München geschlagen hat. Unter den Prämierten wurde neben Altbewährtem wie dem ›Landhaus Scherrer‹ und dem Hotel ›Louis C. Jacob‹ allerdings auch eine Eintagsfliege erwischt: Monatelang hat Hamburgs Feinschmeckerszene darauf gelauert, ob sich das Toplokal ›Mertens‹ im alternativen Schanzenviertel halten kann – es konnte nicht. Emmanuel Mertens musste schließen und ist erst einmal untergetaucht.

Exotisches von fern und nah

Chinesisch, griechisch, italienisch – das gehört in deutschen Landen schon längst zur Hausmannskost. Aber Hamburg ist Welt- und Hafenstadt, da muss eine kulinarische Entdeckungstour schon weiter gehen. So kann man denn auch von Äthiopien über Brasilien und Norwegen bis nach Russland und Tibet reisen. Und dann sind da noch die unzähligen Döner- und Falafelläden, die vielen portugiesischen Stehcafés, italienischen Caffèterias, amerikanischen Delis und französischen Bistros. In manchen Vierteln wird es langsam schwierig, zwischen ›galão‹, ›latte macciato‹ und ›orange-flavoured coffee‹ einen ganz normalen Filterkaffee zu bekommen.

Und wer gar althamburgisch essen will – so etwas Exotisches wie Aalsuppe, Labskaus oder gar ›Birn, Bohn un Speck‹ –, der

▲ Man gönnt sich ja sonst nichts: Imbiss im Hanse-Viertel ▼ Boutique in Pöseldorf

◄ Im ›Stilwerk‹ … ▲ … ist edles Wohndesign zu finden ▼ Galerie Mensing in der Galleria

muss lange suchen. Oder am besten gleich in die Deichstraße gehen. Hier findet man hinter alten Fassaden die Gerichte, die vor zwei Generationen noch zu Hause von ›Muddern‹ serviert wurden.

Elegante Passagen …

Nicht nur aus Pinneberg und Wedel kommen am Samstag die Kauflustigen in die rund 8000 Läden der City. Aus ganz Deutschland rollen Kunden an, die ihre Musical-Package-Tour mit einem Einkaufsbummel verbinden. Auch viele Skandinavier nutzen das Riesenangebot der Hansestadt. Vom schlechten Wetter braucht sich dabei niemand stören zu lassen: Gänsemarktpassage, Hanse-Viertel und Hamburger Hof lassen Nieselregen draußen. Und die Rezession ebenfalls.

Was darf's sein? Joop, Armani, Versace? Und zwischendurch ein Glas Champagner zum Krabbencocktail? Die Passagen westlich von Rathaus und Alsterfleet, ebenso wie die Geschäfte am Neuen Wall und Jungfernstieg, sind nichts für Leute mit schmalem Geldbeutel. Nur das gute alte Alsterhaus, für Hamburger eine Institution wie für Berliner das KDW, macht hier eine Ausnahme. Doch die hohen Ladenmieten – über 100 Euro der Quadratmeter – vertreiben immer mehr alteingesessene Läden. Bald wird es am Neuen Wall vor allem internationale Ketten geben, so wie jetzt schon auf der Mönckeberg- und in der Spitalerstraße.

… und verrückte Mode

Wer in Hamburg nur dunkelblaue Blazer und schwere Dufflecoats erwartet, darf sich wundern. Seit Jahren gibt es hier eine ganze Reihe junger Designer, die nicht aufgeben, das Rad neu zu erfinden. Ihre Heimat ist das eher unscheinbare Karolinenviertel, vor allem die Marktstraße. Zwischen Schlachthof und Heiligengeistfeld haben sich Labels wie ›Hotel‹ oder ›M39‹ entwickelt, die hemmungslos die verschiedensten Stile durcheinander wirbeln.

Wem das zu bunt wird, der kann sich in Hamburgs etabliertes kleines Modeviertel zurückziehen: nach Pöseldorf. Schließlich begann dort vor mehr als drei Jahrzehnten mit Jil Sander auch eine Newcomerin.

ALTONA
ST. PAULI
Diebsteich
Holstenstr.
Sternschanze
Dammtor
Stephanspl.
Messehall.
Feldstr.
St.Pauli
Reeperbahn
Königstr.
Altona
Landungsbrücken
Gorch-Fock-Wall
Glacischaussee
Budapester Str.
NORDER-
ELBE
Werfthafen
Blohm+Voss
Maßstab 1:20.000
0
300 m
42
30

HAMBURG
SCHENE-
FELD
EIDELSTEDT
LURUP
STELLINGEN
EIMSBÜTTEL
LOKSTEDT
EPPENDORF
WINTERHUDE
HARVESTEHUDE
ROTHERBAUM
BARMBEK
HELLBROOK
DULSBERG
WANDSBEK
UHLENHORST
BRAMFELD
OHLSDORF
NIENDORF
OSDORF
BLANKENESE
NIENSTEDTEN
OTHMARSCHEN
OTTENSEN
ALTONA
ST.PAULI
NEUSTADT
ALTSTADT
HAMM
HORN
BORGFELDE
HAFEN CITY
BILLSTED
BILLBROOK
FINKENWERDER
NEUENFELDE
Elbe
Norderelbe
Maßstab 1:100.000
0
1,5 km
58
70

Infos

Treffpunkt höherer Töchter: ›Havanna Bar‹ am Fischmarkt

St. Pauli ①–⑤

Die ehem. Vorstadt zwischen Neustadt und Altona wurde lange als Hamburger Berg (heute eine Nebenstraße der Reeperbahn) bezeichnet; hier siedelte sich alles an, was innerhalb der Stadt wegen Brandgefahr, Geruchsbelästigung oder Unmoral nicht geduldet wurde (Tranbrennereien, Glashütten, Pesthof u. a.). Erst 1833 benannte man das dicht besiedelte Viertel am Hafen nach seiner Kirche.

Der Amüsierbetrieb begann im 18. Jh. mit Jahrmarktbuden auf dem Spielbudenplatz. Zunächst für die Seeleute des nahen Hafens siedelten sich Theater, Kinos, Tanzbars, Varieté an, später Diskos, Großbordelle, Sex-Shops und -Shows und Spielhallen. Seit Ende der 1980er-Jahre ist St. Pauli durch mehr Musik- und Kulturangebote erneut ein beliebtes Ausgehviertel geworden.

Reeperbahn ②: Auf der Reeperbahn wurden vom 17. bis 19. Jh. Schiffstaue (Reep) hergestellt, danach entwickelte sich die Straße zur Amüsiermeile mit immer neuen Attraktionen. Eine Institution ist das 1953 eröffnete ›Café Keese‹, genauso wie die Kneipe ›Lehmitz‹ (Nr. 22) oder ›Die Ritze‹ (Nr. 140), wo oben an der Bar alte Pornos laufen und im Keller geboxt wird. Die Travestiebühne ›Pulverfass‹ (Nr. 147, Tel. 249791) zog von St. Georg auf die Reeperbahn, ein Zeichen für den St.-Pauli-Boom.

Spielbudenplatz ③: Wo schon Carl Hagenbeck seine Seehunde präsentierte, hat das Vergnügen seinen Ursprung. Die etwas desolate Südostecke der Reeperbahn soll ansprechender werden – doch die Jahre des Hin und Hers, in denen sogar der amerikanische Künstler Jeff Koons als Gestalter im Gespräch war, sind leider noch nicht überstanden. Hier liegen das **Operettenhaus** (Nr. 1; s. S. 88) und das **Panoptikum** (Nr. 3, Tel. 310317, www.panoptikum.de; Mo.–Fr. 11.00–21.00, Sa. bis 24.00, So. 10.00–21.00 Uhr), nach eigener Einschätzung ›ältestes und größtes Wachsfigurenkabinett Deutschlands‹. Weiter westl. dann **›Schmidt Theater‹**, **›Schmidts Tivoli‹** und seit 1841 das **›St. Pauli Theater‹** (Nr. 24, 27 bzw. 29) sowie, Ecke Davidstraße, die berühmte **Davidwache** (1914).

Ein besonderes Stück St. Pauli ist die Esso-Tankstelle an der Taubenstraße, wo Kiez-Größen ihre Schlitten auftanken und man rund um die Uhr einkaufen kann.

Herbertstraße ④: Hamburgs Bordellstraße ist durch ein Tor gesperrt. Frauen, die hier nicht arbeiten, haben keinen Zutritt, und auch Neugierige werden nicht gern gesehen. Die Gasse wurde um 1900 von der Stadt zur geschlossenen Wohnanlage umgebaut, um die Prostitution besser kontrollieren zu können.

Große Freiheit ①: Der Inbegriff des schillernden Nachtlebens begann ganz seriös: 1611 ließ Graf von Schauenburg hier einen Bezirk mit Religionsfreiheit einrichten, um Handwerker anzusiedeln. Von den vielen nichtlutherischen Kirchen ist nur die barocke **St.-Josephs-Kirche** (1723) erhalten. Bekannt wurde die Straße durch den Fritz-Käutner-Film ›Große Freiheit Nr. 7‹ von 1944, in dem Hans Albers sein ›Auf der Reeperbahn nachts um halb eins‹ sang, weltberühmt dann in den 1960ern durch die Beatles und den ›Star-Club‹ (längst geschlossen). An der Stelle des berühmt-berüchtigten ›Salambo‹ steht heute das ›Dollhouse‹ (Nr. 11; Tel. 31796988, So. bis Do. 21.00–4.00, Fr. und Sa. bis 5.00 Uhr) mit Striptease ohne Anfassen und ohne Nepp. Altbewährt die Sex-Shows im ›Safari‹ (Nr. 22).

Hein-Köllisch-Platz ⑤: Lebendige St.-Pauli-Piazza mit ›Café Geyer‹ und der Kneipe ›Abendmahl‹.

Bars, Clubs und Diskos

Vor allem St. Pauli, aber auch andere Stadtteile sind voller Bars, Musikclubs und Diskos. Eine Auswahl:

St. Pauli: **Angie's Nightclub**, Spielbudenplatz 27–28, Tel. 31778811; Mi.–Sa. ab 22.00 Uhr. Cocktailbar mit Livemusik im Schmidts Tivoli.

Café Keese, Reeperbahn 19–21, Tel. 3199310; tgl. ab 20.00 Uhr Tanzball. Nicht nur Damenwahl, sondern auch Funk, Soul und Livemusik; Restaurant.

Docks, Spielbudenplatz 19, Tel. 3178830, www.docks.de; Öffnungszeiten je nach Veranstaltung. Fast alle Musikstile und große Tanzfläche; in der ›**Prinzenbar**‹ Sonderprogramm unter Putten und Kronleuchtern.

Golden Pudel Club, St.-Pauli-Fischmarkt 27, Tel. 3195336, www.pudel.com; tgl. ab 22.00 Uhr. Trendsetterclub, immer voll; aber auch draußen auf der Treppe mit Hafenblick ist etwas los.

Große Freiheit 36, Große Freiheit 36, www.grossefreiheit36.de. Viel Pop, viel Party, viele Oldies, auch Livekonzerte.

Grünspan, Große Freiheit 58, Tel. 316316, www.gruenspan.de. Eine der ältesten Diskos der Stadt und immer noch lebendig.

Hafenklang, Große Elbstraße 84, Tel. 388744. Bekannt für deutschen Underground.

Havanna Bar, St.-Pauli-Fischmarkt 4. Tel. 313636. Für die Gegend ziemlich schick.

Pupasch, Landungsbrücken 3a, Tel. 311245. Remmi-Demmi und Flirtpartys.

Neustadt: **Cotton Club**, Alter Steinweg 10, Tel. 343878. Eine Institution für traditionelle Jazzkonzerte.

Valentino's, Valentinskamp 40, Tel. 34105105. Bar und Disco, Promi-Treff.

Rotherbaum, Eppendorf und Eimsbüttel: **Zorba the Buddha**, Eppendorfer Marktplatz 4, Tel. 478610. Disko, in der auch 30-jährige noch tanzen.

Birdland, Gärtnerstraße 122, Tel. 405277. Renommierter Jazzclub in Eimsbüttel.

Logo, Grindelallee 5, Tel. 4105658. Alteingesessener Rockclub bei der Uni.

Schwulen-/Lesbenszene: **Café Gnosa**, Lange Reihe 93, Tel. 243034; tgl. 10.00–1.00, Fr. und Sa. bis 2.00 Uhr. Kneipenrestaurant in St. Georg mit entspannter Atmosphäre.

E.D.K., Gerhardstraße 3 (St. Pauli), Tel. 3195645; Sa. und So. ab 24.00 Uhr wird es hier hinter der Herbertstraße voll.

Frauenkneipe, Stresemannstraße 60 (Altona), Tel. 436377. Seit Jahrzehnten bekannt.

Frauencafé endlich, Dragonerstall 11 (Neustadt), Tel. 351616, www.café-endlich.de; Mo. bis Fr. 16.00–24.00, Sa. ab 14.00, So. ab 9.00 Uhr. Ruhiger Treffpunkt hinter der Musikhalle im Frauenhotel Hanseatin.

Magnus-Hirschfeld-Centrum, Borgweg 8 (Winterhude), Tel. 27877800. Div. Veranstaltungen und Clubs.

Die Spitalerstraße gehört zu den Einkaufsmeilen Hamburgs

Musicals und Revuen

In Hamburg begann der Deutschland-Siegeszug des Musicals:

Imperial Theater, Reeperbahn 5 (St. Pauli), Tel. 313114, www.imperial-theater.de. Oldie-Revuen und Shows.

Operettenhaus, Spielbudenplatz 1 (St. Pauli), Tickets Tel. 01805/4444, www.stageholding.de. Zurzeit das Abba-Musical ›Mamma Mia!‹.

Theater im Hafen, Überfahrt per Boot von den Landungsbrücken (St. Pauli), Tickets Tel. 08105/4444, www.stageholding.de. Nach dem guten Einstieg mit ›Buddy‹ wird zurzeit das Erfolgsmusical ›König der Löwen‹ gespielt.

Neue Flora, Stresemannstraße 159 (Altona), Tickets 01805/4444, www.stageholding.de. Nach dem Erfolg ›Phantom der Oper‹ und dem Misserfolg ›Mozart‹ wird jetzt das Musical ›Tanz der Vampire‹ gezeigt.

Delphi Showpalast, Eimsbütteler Chaussee 5 (Eimsbüttel), Tel. 4318600. Gastronomie-Theater mit Oldie-Revuen.

St.-Pauli-Theater, Spielbudenplatz 29 (St. Pauli), Tel. 47110666, www.st-pauli-theater.de; Kasse tgl. 10.00–19.00 Uhr. Ein Stück St.-Pauli-Geschichte und 1841 als Urania-Theater eröffnet.

ROYAL Theater am Holstenwall, Holstenwall 19 (Neustadt), Tel. 30051450. Von Helga Feddersen gegründet, mit Comedy, Unterhaltung, Musiktheater.

TIPP

Harrys Hafenbasar

Was früher die Seeleute als Souvenir mitbrachten, gibt es mittlerweile bei Harrys Tochter Karin zu kaufen: präparierte Vogelspinnen, Südseemasken und viel Tüddelkram, Kleinkram (Balduinstraße 18/Ecke Erichstraße, Tel. 312482, www.hafenbasar.de Di.–So. 12.00–18.00 Uhr).

Theater, Kabarett, Kleinkunst

Kleines, Feines oder Schrilles fand und findet in Hamburg immer ein Publikum: ›Das Schiff‹ oder ›Schmidts‹ sind dafür beste Beispiele. Eine Auswahl:

Alma Hoppes Lustspielhaus, Ludolfstraße 53 (Eppendorf), Tel. 55565556, www.almahoppe.de; Kasse tgl. 11.00–19.00 Uhr. Politisches Kabarett und mehr.

Das Schiff, Holzbrücke 2 (Altstadt), Tel. 69650560, www.theaterschiff.de; Kasse Mo. bis Sa. 9.00–20.00, So 14.00–20.00 Uhr. Eberhard Möbius' kleines, feines Programm im Bauch eines Schiffs.

Fliegende Bauten, Glacischaussee 4 (St. Pauli), Tel. 47110633, www.fliegende-bauten.de. Zirkus, Theater, Musik und Zauberhaftes am Heiligengeistfeld.

Kehrwieder Varieté-Theater, Kehrwieder 8 (Speicherstadt), Tel. 31186402, www.stageholding.de. Der Versuch, an Hamburgs lange Varietétradition anzuknüpfen.

Mon Marthe, Tarpenbekstraße 65 (Eppendorf), Tel. 475402. Kleine Kabarettbühne mit großem Programm und gemütlichem Bistro.

Schmidt Theater / Schmidts Tivoli, Spielbudenplatz 24/27 (St. Pauli), Tel. 31778899, www.tivoli.de, www.schmidts.de. Neben wechselndem Programm nach wie vor jeden Sa. 24.00 Uhr die schrille ›Schmidtshow‹. Im größeren ›Tivoli‹ sitzt man in Gründerzeitprunk.

Kino

Auch Hamburg hat sein Kinosterben erlebt, und die ganz Großen beherrschen auch in der Hansestadt die Szene. Dennoch blieb Raum für einige Programmkinos.

Abaton, Grindelhof (Rotherbaum), Tel. 41320320, www.abaton.de. Traditionsreiches Programmkino an der Uni mit Restaurant und Parkplatzreservierung.

Cinemaxx, Dammtordamm 1 (Rotherbaum), Tel. 01805/24636299, www.cinemaxx.de. Modernstes Großkino mit Lasershow.

Metropolis, Dammtorstraße 30a (Rotherbaum), Tel. 342353, www.metropolis-hamburg.de. Programmkino, viel OmU.

Passage, Mönckebergstraße 17 (Altstadt), Tel. 324139, www.cinemaxx.de. Stilvoll renoviertes Kino.

Streit's, Jungfernstieg 38 (Altstadt), Tel. 346051, www.ufakinos.de. Ehemals das Premierenkino Hamburgs, seit 1956 in einem früheren Hotel.

Zeise, Friedensallee 7 (Ottensen), Tel. 3908770, www.zeise.de. Programmkino in einer alten Schiffschraubenfabrik mitten in Ottensen.

Einkaufen

Haupteinkaufsstraßen (Altstadt) sind **Mönckebergstraße** und **Spitalerstraße** mit großen Kaufhäusern und Spezialgeschäften sowie **Jungfernstieg** und **Neuer Wall.** Zu den zahlreichen edlen Passagen gehören **Gänsemarktpassage, Bleichenhof, Galleria** und **Alte Post** (Große Bleichen), **Hamburger Hof** und **Hanse-Viertel** (Poststraße) sowie das **Levantehaus** (Mönckebergstraße).

Die meisten Geschäfte sind Mo.–Fr. 10.00 bis 20.00 und Sa. 10.00–16.00 Uhr geöffnet.

Einige Einkaufszentren: Hamburger Straße (Uhlenhorst), U-Bahn Mundsburg, www.itcm-immo.de. Das älteste Einkaufszentrum Hamburgs hat auf 43 000 m² eine sehr große Auswahl.

Mercado, Ottensener Hauptstraße 10 (Ottensen), www.mercado-hh.de. Am Altonaer Bahnhof gelegenes, quirliges Zentrum, mit Marktcharakter und internationalen Imbissen.

Stilwerk, Große Elbstraße 68 (Altona), Tel. 30621100, www.stilwerk.de; Mo.–Fr. 11.00 bis 20.00, Sa. 11.00–16.00, So. Schautag 14.00–18.00 Uhr. 28 edle Läden mit Marken rund um Design und Wohnen in der stilvoll umgebauten ehem. Mälzerei beim Fischmarkt.

Mode: Innenstadt (Altstadt) mit internationalen Designhäusern auf Schritt und Tritt, u. a. Neuer Wall (Jil Sander, Joop!, Louis Vuitton, Escada, Laura Ashley, Max Mara, Armani, Boss, Burberry, Ferragamo, Hermès), Neue ABC-Straße (Chanel), ABC-Straße (René Lazard, Strenesse, Gucci, Polo Ralph

Lauren), Hohe Bleichen (Prada), Schleusenbrücke (Versace) und Mönckebergstraße (Calvin Klein).

Ladage & Oelke, Neuer Wall 11 (Altstadt), Tel. 341414, www.ladage-oelke.de. Seit 1845 Hamburgs Herrenausstatter, mit britischem Flair und längst auch für Damen.

Unger, Neuer Wall 35 (Altstadt), Tel. 334470, www.unger.de. Damenmodehaus seit mehr als 130 Jahren mit zahlreichen Designermarken.

Pöseldorf (Rotherbaum), wo Jil Sander und Joop ihre Karrieren begannen, mit etlichen Boutiquen, u. a. Milchstraße (Uli Schneider), Mittelweg (Freilicht Mode, CMG Boutique, M. Namazian, Showroom).

Karolinenviertel (St. Pauli) mit jungen Designern und Boutiquen in der schmalen Marktstraße zwischen Schlachthof und Heiligengeistfeld (u.a. Garment, Herr von Eden, M39, Alpenglühen, Nymphenfieber, blue tabu, A-Mad, Spielhalle, Lani).

Spezielle Geschäfte: Antik-Center am Hauptbahnhof, Klosterwall 9–21 (Altstadt), Tel. 326595; Di.–Fr. 12.00–18.00, Sa. 10.00 bis 16.00 Uhr. Rund 40 kleine Antiquitäten- und Trödelläden unter einem Dach in einem ehem. Blumenmarkt.

Fahnenfleck, Neuer Wall 57 (Altstadt), Tel. 32085770, www.fahnenfleck.de. 120 Jahre altes Geschäft, neben Fahnen vor allem Scherz- und Dekoartikel.

Kaffeerösterei Burg, Eppendorfer Weg 252 (Eppendorf). Eine Vielfalt selbst gerösteter Kaffees und Espressos drängen sich auf kleinstem Raum, dazu Accessoires und verführerische süße Köstlichkeiten.

Kaufrausch, Isestraße 74 (Eppendorf), Tel. 4808312, www.kaufrausch-hamburg.de; Mo. bis Fr. 11.00–19.00, Sa. 11.00–18.00 Uhr. Hamburgs kleinstes Kaufhaus mit einem extravaganten Angebot an modischem Zubehör und einer Café-Bar für die Eppendorfer Szene.

Wenn es draußen ungemütlich ist: Galleria

Speicher am Fischmarkt, Baurspark 2 (Othmarschen, an der A 7), Tel. 3068640, www.speicher-am-fischmarkt.de. Rund 10 000 Artikel aus aller Welt und in jeder Preislage für den kompletten Haushalt.

Hotels

Rund 20 000 Hotelbetten verteilen sich auf über 175 Betriebe – von der Fünf-Sterne-Herberge bis zur einfachen Pension. Hier eine Auswahl:

Preise:

€€€€	Doppelzimmer	über 200 €
€€€	Doppelzimmer	150–200 €
€€	Doppelzimmer	100–150 €
€	Doppelzimmer	50–100 €

€€€€ **Louis C. Jacob,** Elbchaussee 401–403, 22609 Hamburg (Nienstedten), Tel. 822550, Fax 82255444, www.hotel-jacob.de; 66 Z., 19 Suiten, Sauna, Fahrradverleih, Sauna, Golfplatz, Reiten. Traditionsreich, elegant und mit wunderbarem Elbblick, hervorragendes Restaurant.

€€€€ **Side,** Drehbahn 49, 20354 Hamburg (Innenstadt), Tel. 309990, Fax 30993999, www.side-hamburg.de; 156 Z., 12 App., 10 Suiten, Sauna, Fitness, Pool, Restaurant. Designerhotel mit Lichtinstallation des New Yorker ›Lichtchoreographen‹ Robert Wilson.

€€€€ **Vier Jahreszeiten,** Neuer Jungfernstieg 9, 20354 Hamburg (Innenstadt), Tel. 34940, Fax 34942600, www.raffles-hvj.com; 123 Z., 33 Suiten, Spa, Sauna, Fitness. Seit 1897, direkt an der Binnenalster und sehr vornehm. Erstklassiges ›Restaurant Haerlin‹.

€€€ **Atlantic,** An der Alster 72–79, 20099 Hamburg (St. Georg), Tel. 28880, Fax 247129, www.kempinski.atlantic.de; 194 Z., 58 Suiten, Sauna, Fitness, Pool, Restaurants. Grandhotel seit 1909.

€€€ **Madison,** Schaarsteinweg 4, 20459 Hamburg (Neustadt), Tel. 376660, Fax 37666137, www.madisonhotel.de; 166 App., 10 Suiten, Spa, Fitness, Restaurant. Komfortables Apartmenthotel.

€€€ **Gastwerk,** Beim alten Gaswerk 3, 22761 Hamburg (Bahrenfeld), Tel. 890620, Fax 8906220, www.gastwerk-hotel.de; 135 Z., 13 Suiten, Sauna, Restaurant. Edle Industriearchitektur in einem ehem. Gaswerk.

€€ **Hafen Hamburg,** Seewartenstraße 9, 20459 Hamburg (St. Pauli), Tel. 311130, Fax 31113755, www.hotel-hamburg.de; 355 Z., Restaurant. Mit schönstem Blick auf Hafen und Elbe die bekannte und deshalb viel besuchte, etwas laute Cocktail-Towerbar im Turm.

TIPP

Hotel mit Kunst

Im mehr als 200 Jahre alten Hotel ›Louis C. Jacob‹ kann man nicht nur ausgezeichnet essen – die Küche gilt dem ›Gault Millau 2003‹ als die beste der Stadt –, sondern auch Kunst betrachten. In den Räumen zieren rund 500 Gemälde die Wände. Auch Max Liebermann ist vertreten, der 1902 hier gewohnt und die schöne Lindenterrasse über der Elbe verewigt hat.

€€ **Nippon,** Hofweg 57, 22085 Hamburg (Uhlenhorst), Tel. 2271140, Fax 22711490, www.nippon-hotel-hh.de; 41 Z. Japanische Harmonie, sehr gutes Restaurant.

€€ **Parkhotel Alster-Ruh garni,** Am Langenzug 6, 22085 Hamburg (Uhlenhorst), Tel. 224577, Fax 2278966, www.alster-ruh.de; 26 Z. Alsternah und ruhig.

€€ **Strandhotel Blankenese,** Strandweg 13, 22587 Hamburg (Blankenese), Tel. 8662300, Fax 864936, www.strand-hotel.de; 17 Z., Restaurant. Jugendstilvilla, direkt an der Elbpromenade.

€ **St. Annen,** Annenstraße 5, 20359 Hamburg (St. Pauli), Tel. 3177130, Fax 31771313, www.hotelstannen.de; 36 Z., Hotelbar, idyllische kleine Gartenterrasse, Zimmer in individuellem Design.

€ **Hotel Hanseatin,** Dragonerstall 11, 20355 Hamburg (Neustadt), Tel. 341345, Fax 345825, www.hotel-hanseatin.de; 13 Z., Gartencafé. Angenehmes Haus, nur für Frauen.

€ **Galerie-Hotel Sarah Petersen,** Lange Reihe 50, 20099 Hamburg (St. Georg), Tel./Fax 249826, www.galerie-hotel-sarah-petersen.de; 5 Z., Café, Hausbar, Restaurant. Sehr schönes, kleines Haus, zentral gelegen, individuelle Zimmer.

€ **Schümann,** Langenhorner Chaussee 157, 22415 Hamburg (Langenhorn), Tel. 5310020, Fax 53100210, www.hotel-schuemann.de; 45 Z. Persönlich geführtes Hotel in Flughafennähe.

€ **Ökotel Hamburg,** Holsteiner Chaussee 347, 22457 Hamburg (Schnelsen), Tel. 5597300, Fax 55973099; 23 Z. und Apartments. Etwas abseits gelegenes Haus, dafür aus umweltverträglichen Materialien gebaut und mit Naturkostbuffet zum Frühstück.

€ **Reiterhof Ohlenhoff,** Ohlenhof 18, 22848 Norderstedt, Tel. 5287320, Fax 52873210, www.hotel-reiterhof-ohlenhoff.de. Vor den Toren Hamburgs im Grünen zwischen Reiterhöfen gelegen, Kinder bis 12 J. frei.

© **Zur Kastanie**, Specksaalredder 14, 22397 Hamburg (Duvenstedt), Tel. 6076900, Fax 6076889, www.hotel-kastanie.de; 23 Z. Ehem. Hofgut im grünen Norden von Hamburg, funktional eingerichtete Zimmer.

© **InterCityHotel**, Paul-Nevermann-Platz 17, 22765 Hamburg (Altona), Tel. 380340, Fax 38034906, www.hamburg-altona.intercity hotel.de. Zentrale Lage am Bahnhof Altona.

In der ehemaligen Schiffsschraubenfabrik Zeise: ›Eisenstein‹

Restaurants

Von ägyptisch bis vietnamesisch – in Hamburg sind die Küchen der ganzen Welt zu finden, auch wenn der Schwerpunkt bei Italienern, Chinesen und Griechen liegt. Eine Auswahl:

Preise:

©©©©	Hauptspeisen	über 20 €
©©©	Hauptspeisen	15–20 €
©©	Hauptspeisen	10–15 €
©	Hauptspeisen	5–10 €

Innenstadt, Alster: ©©©© **Insel am Alsterufer**, Alsterufer 35 (Rotherbaum), Tel. 4501850, www.insel-am-alsterufer.de; Di.–Fr. 12.00–15.00, 18.00 bis 23.00, Sa. ab 18.00 Uhr. In elegantem Rahmen wird mit Blick auf die weite Außenalster internationale Küche serviert.

©©© **Deichgraf**, Deichstraße 23 (Altstadt), Tel. 364208, www.deichgraf-hamburg.de; Mo.–Fr. 12.00–15.00 und 18.00–23.00, Sa. ab 17.00 Uhr. Hamburger Spezialitäten und mehr am Nikolai Fleet.

©© **Marinehof**, Admiralitätstraße 77 (Altstadt), Tel. 3742579; Mo.–Fr. 11.00–1.00, Sa. 12.30–1.00 Uhr. Auf der Fleetinsel, schicke Szene, vielseitige Speisekarte.

©© **Vasco da Gama**, Lange Reihe 67, Tel. 2803305; 12.00–24.00, Mo. ab 17.00 Uhr. Spanisch-portugiesische Spezialitäten in St. Georg.

©©/© **Alsterhaus**, Jungfernstieg 16; Mo.–Fr. 9.30–20.00, Sa 9.30 bis 16.00 Uhr. Der Blick über die Binnenalster sucht seinesgleichen; und es lässt sich im Restaurant des Hamburger Traditionskaufhauses auch nur ein Kaffee trinken ...

© **Max & Consorten**, Spadenteich 7 (St.Georg), Tel. 245617; tgl. ab 10.00 Uhr. Traditionsreiches, urig-rustikales Kneipenrestaurant in der Nähe des Hauptbahnhofs.

Hafen, Elbe, St. Pauli: ©©©© **Tafelhaus**, Neumühlen 17 (Altona), Tel. 892760, www.tafelhaus.de; Mo.–Fr. 12.00–16.00 und 19.00 bis 24.00, Sa. 19.00–24.00 Uhr. Trendiges Restaurant mit mediteranem Flair, herrlichem Blick und Gourmetkreationen.

©©© **Fischereihafen-Restaurant**, Große Elbstraße 143 (Altona), Tel. 381816, www.fischereihafen-restaurant-hamburg.de; So. bis Do. 11.30–22.00, Fr. und Sa. 11.30 bis 22.30 Uhr. Das Traditionshaus am Altonaer Fischmarkt.

©©© **Old Commercial Room**, Englische Planke 10 (Neustadt), Tel. 366319, tgl. 12.00 bis 24.00 Uhr. Eine gediegene Adresse für Hamburger Küche im Schatten des ›Michel‹.

SPECIAL

Hamburgs Köstlichkeiten

Wer die Hamburger Küche kennen lernen will, kommt an Labskaus und Aalsuppe nicht vorbei. Labskaus ist die moderne Variante eines uralten Seemannsgerichts; es besteht aus einer gewöhnungsbedürftigen Mus-Mischung von Pökelfleisch (ersatzweise Cornedbeef), Kartoffeln, Schmalz sowie fein gewürfelter Roter Beete und Gewürzgurken, gekrönt von einem Spiegelei und einem Rollmops. Auch Aalsuppe ist eine bei Feinschmeckern nicht unumstrittene Mischung: In der süßsauer und herzhaft schmeckenden Suppe schwimmen Backobst (Dörrpflaumen und -birnen, getrocknete Aprikosen), Schinkenspeck und Stückchen vom frischen Aal, Grießklößchen, Bohnen und anderes Gemüse. Dass eine ›echte‹ Aalsuppe eigentlich überhaupt keinen Aal braucht, da ihr Name vom Wörtchen ›aal‹, was im Plattdeutschen so viel wie ›alles‹ bedeutet – im Sinne ›alles drin‹ – käme, ist eher Legende. Zum Nachtisch sollte ›Rode Grütt‹ auf den Tisch kommen, eine eben rote Dessertgrütze aus Johannis-, Brom-, Erd- und Himbeeren, die mit Milch oder, besser, flüssiger Sahne gereicht wird.

©©© **Bistro Rive**, Van-der-Smissen-Straße 1 (Altona), Tel. 3805919; tgl. 12.00–23.00 Uhr. Lebhaftes Edelbistro am Fischereihafen mit Fischspezialitäten.

©© **Henssler & Henssler**, Große Elbstraße 160 (Altona), Tel. 38699000, www.h2dine.de; Mo.–Sa. 12.00–15.00 und 18.00–23.30 Uhr. Ehem. Lagerhalle direkt an der Hafenmeile, mit guter euro-asiatische Küche.

©© **Landhaus Dill**, Elbchaussee 94 (Ottensen), Tel. 3904387, www.landhausdill.com; Di.–Sa. 12.00–15.00 und 17.00–22.30, So. 12.00 bis 22.30 Uhr. Ländlicher Charme, gemütliche Atmosphäre, regionale Küche.

© **Abendmahl**, Hein-Köllisch-Platz 6 (St. Pauli), Tel. 312758; tgl. 18.00–2.00 Uhr. Gut und günstig und mitten auf St. Pauli.

© **Museumshafen-Café**, auf der ehem. Hafenfähre ›Bergedorf‹, Anleger Neumühlen (Altona), Tel. 397383, Di.–Sa. 12.00–22.00, So. 10.00–22.00 Uhr. Oben an Deck Elbblick, drinnen rustikale Enge. Wer will, isst nur eine Bockwurst ...

Elbvororte: ©©©© **Louis C. Jacob**, Elbchaussee 401 (Nienstedten), Tel. 822550, www.hotel-jacob.de; tgl. 12.00–16.00 und 18.30–24.00 Uhr. Stilvoll an der Elbe, exzellente Küche von Sternekoch Thomas Martin.

©©©© **Landhaus Scherrer**, Elbchausse 130 (Altona), Tel. 8801325, www.landhaus scherrer.de; Mo.–Fr. 12.00–15.00 und Mo. bis Sa. 18.30–23.00 Uhr. Traditionsreicher Gourmettempel mit überwiegend klassisch französische Küche.

©© **Engel**, auf dem Anleger Teufelsbrück (Nienstedten), Tel. 824187, www.restaurant-engel.de; Mo.–Sa. 11.00–22.30, So. 10.00 bis 22.30 Uhr. Unmittelbarer lassen sich gute Küche, Elbe und Schifffahrt nicht vereinbaren.

©© **Sagebiels Fährhaus**, Blankeneser Hauptstraße 107 (Blankenese), Tel. 861514; tgl. 11.00–23.00 Uhr, im Winter Mo. geschl. In Blankeneser Hanglage mit Elbblick, gemütlichem Kamin, deutschem und chinesischem Essen.

Infos

Schanzerviertel, Altona: €€ **Eisenstein**, Friedensallee 9 (Ottensen), Tel. 3904606; Mo.–Sa. 11.00–2.00, So. 10.00–2.00 Uhr. Sehr gute Pizza und mehr in einer alten Fabrik.

€€ **Tibet**, Harkortstieg 4 (Altona), Tel. 386116[illegible]2; Mo.–Fr. 17.00–23.00, Sa. und So. 12.00–23.00 Uhr. Fernöstliche Delikatessen, etwas abgelegen in Altona.

€€ **bok**, Schanzenstraße 27 (St. Pauli), Tel. 4306780; tgl. 12.00–23.00 Uhr. Asiatische Köstlichkeiten in Räumlichkeiten wie einer Bahnhofsgaststätte.

€ **Noodles**, Schanzenstraße 2 (St. Pauli), Tel. 4392840; So.–Do. 10.00–1.00, Fr. und Sa. bis 3.00 Uhr. Junges, freundliches Lokal. Der Name ist nicht Programm.

Veranstaltungsorte

Hamburg ist für große und kleine Veranstaltungen gut gerüstet:

Congress Centrum Hamburg, Am Dammtor/Marseiller Straße, Tel. 35690, www.cch.de. 10000 Plätze in 19 variabel nutzbaren Sälen für Kongresse, Konzerte und Bälle.

Color Line Arena, Schnackenburgsallee/Sylvesterallee/Hellgrundweg (Bahrenfeld). Multifunktionsarena mit bis zu 17 000 Plätzen für Konzerte und Sport. Bei Veranstaltungen Shuttle-Service ab S-Bahn Stellingen.

Markthalle, Klosterwall 9–21 (Altstadt), Tel. 339491, www.markthalle-hamburg.de. Veranstaltungszentrum, überwiegend Musik, in ehem. Markthalle am Hauptbahnhof.

Fabrik, Barnerstraße 36 (Ottensen), Tel. 391070, www.fabrik.de. 1971 wurde Deutschlands erstes ›Kommunikationszentrum‹ in einer 1830 errichteten ehem. Maschinenfabrik eröffnet (nahezu Neubau nach Brand 1977). Rund 300 Veranstaltungen pro Jahr (Kunstausstellungen, Rock, Pop und Jazz mit Weltgrößen).

Auf dem ›Karneval der Kulturen‹

Am Rothenbaum: Tennisturnier ›German Open‹

Schlachthof, Neuer Kamp 30 (St. Pauli), Tel. 87976230, www.schlachthofhh.de. Alternatives und vor allem Musik zwischen Schanzen- und Karolinenviertel.

Feste, Festivals, Events

Die folgende Auswahl der wichtigsten jährlich wiederkehrenden Veranstaltungen hat keinen Anspruch auf Vollständigkeit. Über die jährlich wechselnden Termine sowie über zusätzliche Ereignisse geben die Tourismus-Information oder www.hamburg-magazin.de Auskunft.

März/April: Frühlings-Dom, ein Jahrmarkt auf dem Heiligengeistfeld.

April: Olympus-Marathon, der Hamburger Stadtmarathon. **Hamburger Lesetage** mit Lesungen verschiedener Autoren und Autorinnen in der ganzen Stadt.

Mai: Hafengeburtstag, ein buntes Volksfest an den Landungsbrücken mit Fressmeile, Windjammerparade und Schlepperballett. **Japanisches Kirschblütenfest** mit Feuerwerk über der Alster. **German Open**, die offenen deutschen Tennismeisterschaften der Herren am Rothenbaum.

Juni: Straßenfest **Altonale** am Bahnhof Altona, das die Vielfalt des Stadtteils spiegelt. **Generation-Move (G-Move)**, die Hamburger Loveparade immer am Pfingstsamstag. **Christopher Street Day**, der Jahreshöhepunkt für die Lesben- und Schwulen-Szene. **Stuttgarter Weindorf** mit Trollinger und Maultaschen auf dem Rathausmarkt. (Gleichzeitig gastiert in Stuttgart ein ›Hamburger Fischmarkt‹.)

Juli: Schlager-Move mit Roy Black statt WestBam, Marianne Rosenberg statt Marusha und ansonsten die gleiche Prozedur wie beim G-Move. **Westport Jazz-Festival**. **Beachvolleyball Masters Turnier** auf dem Rathausmarkt. Das **Deutsche Galoppderby für Dreijährige** auf der Horner Rennbahn ist seit 1835 sportlicher und gesellschaftlicher Höhepunkt zugleich; regelmäßiger Gast war einst Kaiser Wilhelm II.

August: Sommer-Dom, ein Jahrmarkt auf dem Heiligengeistfeld. **Freiluftkino** auf dem Rathausmarkt – abends, draußen und umsonst. **Rathauskonzerte** mit klassischer Openairmusik im Innenhof des Rathauses. **Schleswig-Holstein Musik-Festival** – vielfältig und traditionsreich. **HEW Cyclassics**, ein Weltcup-Radrennen für Profis und Jedermann zugleich. **Alstervergnügen** und **Feuerwerk-Festival** mit Musik und Fressmeile rund um die Alster.

September: ›Du und deine Welt‹, die traditionelle Verbrauchermesse auf dem Messegelände. **Karneval der Kulturen**, die multikulturellen Feiern. **Hamburger Musikfest** mit zeitgenössischer E-Musik.

November: Winter-Dom, ein Jahrmarkt auf dem Heiligengeistfeld.

Dezember: Weihnachtsmärkte beispielsweise um St. Petri in der Innenstadt und in Altona. **Silvesterlauf** am 31.12. rund um die Teichwiesen in Volksdorf.

SPECIAL

Kampf um die Flora

Ende der 1980er-Jahre wehrte sich ein ganzer Stadtteil gegen das riesige Haus, das in seiner Mitte für das ›Phantom der Oper‹ gebaut werden sollte. Das alternativ geprägte Schanzenviertel sah seine Identität durch einen Musicaltempel mit teuren Eintrittspreisen und dem zu erwartenden Ansturm von Menschen und Reisebussen gefährdet. Der Kampf hatte Erfolg. Die ›Rote Flora‹ – übrigens ein ehemaliges Varietétheater von 1889 – hat sich als Hochburg der Alternativ- und Anarchoszene halten können und wurde vor dem Abriss gerettet, die ›Neue Flora‹ wenige Kilometer weiter an der Stresemannstraße erbaut. Bei der Premiere des ›Phantoms‹ 1990 riegelte die Polizei das gesamte Viertel mit Wasserwerfern, Panzern und Hubschraubern ab. Doch das martialische Aufgebot verhinderte nicht, dass ein paar Eier das Premierenpublikum erwischten. Jahrelang schlich Hamburgs Linke nur heimlich und mit schlechtem Gewissen in die ›Neue Flora‹. Mittlerweile hat das ›Phantom‹ ausgespielt, und die Ressentiments, die es gegen die Musicalszene gab, sind längst Vergangenheit.

Das Grün liegt um die Ecke

Hamburg ist groß – 755 Quadratkilometer – und Hamburg ist grün: Ein Fünftel der Fläche ist Landschaftsschutzgebiet, und es gibt fast 30 Naturschutzgebiete. Warum also in die Ferne schweifen, wenn Alsterwanderweg und Elbvororte, Stadt- und Tierpark und selbst der große Parkfriedhof in Ohlsdorf genug Wald und Wiesen bieten, um Erholung zu tanken? Doch wer Zeit hat und ins Umland fährt, der kommt der Natur noch näher: etwa im herrlichen Sachsenwald der Bismarcks oder auf einem Ausflug ins Alte Land.

Am schönsten ist es im Obstanbaugebiet Altes Land während der Baumblüte.

▼ ›Planten un Blomen‹: Teezeremonie im Japangarten

▲ Der Ohlsdorfer Friedhof ist auch besinnlicher Park

▼ Die Alsterkanäle bieten sich geradezu an für den Rudersport

▲ Im Schatten des Messehotels: ›Planten und Blomen‹, ... ▼ ... auch Treff für Tangofreunde

Ein Sonntag im Sommer, die Luft ist wohlig warm – und halb Hamburg scheint auf der A 1 zu stecken. Im Stau auf der Autobahn, in den all die geraten sind, die an die Ostsee wollen. Warum nur, flucht mancher, sind wir nicht mit dem Fahrrad in den Stadtpark gefahren, sind nicht mal wieder nach ›Planten un Blomen‹ gegangen oder zu ›Hagenbeck‹?

So nah, so gut

Hamburgs Naherholungsgebiete sind so nah, dass man sie übersehen kann – zumindest, wenn man Ausflug mit Autotour gleichsetzt. ›Planten un Blomen‹ zum Beispiel ist nur eine S-Bahn-Station vom Hauptbahnhof entfernt. Zugegeben, hier kann es voll werden, und die Natur ist in ordentliche Bahnen gestutzt. Aber dafür ist der Spielplatz umso origineller, sorgen Troparium und Teezeremonie für Exotik.

Weitläufiger ist da der Stadtpark in Winterhude. Anfang des 20. Jahrhunderts wollte Hamburgs rühriger Oberbaudirektor Fritz Schumacher aus dem ehemaligen Gehölz ein Freiluft-Volkshaus machen – und es ist ihm gelungen. Noch heute strömt das Volk in den Park: ins Freibad mit Alsterwasser, zur sommerlichen Rhododendronpracht oder einfach nur auf die riesige Spielwiese. Einer der wenigen Schumacher-Bauten, die den Zweiten Weltkrieg überstanden haben, ist das ›Landhaus Walter‹ von 1912. Wohl ganz im Sinne des Erfinders gibt es hier Hamburgs größten Biergarten. Und wer keine Karten mehr für's Openairkonzert auf der Stadtparkbühne bekommen hat, der hört sich Santana, Bob Dylan oder Tina Turner entspannt auf einer der umliegenden Wiesen an – kostenlos natürlich.

Ungewöhnliche Landschaften

Noch eine Volksbelustigung hat den Zeitenwandel überstanden: ›Hagenbecks Tierpark‹, der weltgrößte private Zoo. 1848 hatte Fischhändler Gottfried Clas Hagenbeck auf St. Pauli ein paar Seehunde im Waschzuber vorgeführt. Das Volk staunte und zahlte, und so kam er auf die Idee, sich von Seeleuten weitere exotische Tiere mitbringen zu lassen. Sein Sohn Carl eröffnete 1907 den heutigen Tierpark in Stellingen – nachdem er sich 1896 die erste

▲ Der Hamburger Stadtpark ist ein Volkspark im besten Sinn mit Live-Musik, Cafés, Wasser und Liegewiesen – nur Stille wird man hier nicht finden

▲ Das Freibad im Stadtpark ist im Sommer ein Jugendmagnet

▼ Die Oberalster bietet Raum für manchen exotischen Sport

▲ Das bekannte Elefantentor von ›Hagenbecks Tierpark‹

▼ Football im Stadtpark

›gitterlose Freianlage‹ hatte patentieren lassen. Die Tiere in naturnaher Umgebung zu halten, mittlerweile weltweit nachgeahmt, macht ›Hagenbeck‹ zur vielseitigen Parkanlage.

Carl Hagenbeck liegt auf dem Ohlsdorfer Friedhof begraben, so wie auch Philipp Otto Runge, Hans Albers, Gustav Gründgens, Ida Ehre und Willy Fritsch. Die Hamburger sind stolz auf ihren schönen Friedhof. Doch anders als etwa in Paris kommt man nicht hierher, um Grabmäler berühmter Personen zu besichtigen; dafür ist der Friedhof viel zu groß. Ohlsdorf ist – trotz zweier Buslinien – eine stille Parklandschaft, als ›Gesamtkunstwerk Friedhof‹ geschaffen, die wie kein anderer Ort in der Stadt Ruhe verspricht. Wolfgang Borchert, der seit 1947 hier begraben liegt, beschrieb das Grün des ›vögeldurchjubelten gepflegtesten Urwaldes der Welt, in dem die Toten ihren Tod verträumen …‹.

Alstertal und Walddörfer

Träumen, Trödeln oder einfach nur mal die Stadt vergessen – dafür hat Hamburg viele Orte. Und kaum ein Einheimischer kennt auch nur die Hälfte davon. Auch die Alster hört für die meisten jenseits der Außenalster auf. Dabei schlängelt sich das Flüsschen 54 Kilometer gen Norden, bis zu seiner Quelle im Henstedter Moor. Der Alsterwanderweg, dem man von der Innenstadt aus folgen kann, verläuft zum Teil auf den alten Treidelpfaden. Hier zogen die Händler mühselig ihre beladenen Schuten den Fluss hoch. Zunächst geht es noch auf recht ordentlichen Wegen, dann immer mehr über Stock und Stein und Wurzelwerk, durch wildwüchsigen Wald, vorbei an Schleusen und alten Gasthöfen, kleinen Seen, Mooren und Wiesen. Einen ganzen Tag lang kann man sich so ein Stück Hamburg erwandern – und dann schließlich mit der S-Bahn zurückfahren.

Hamburgs Norden hat so viel Grün, dass ein ganzer Ortsamtsbezirk passenderweise ›Walddörfer‹ genannt wird. Noch heute gibt es hier Bauernhäuser, Felder, Wiesen und Wälder – aber mittlerweile auch Golfplätze und großbürgerliche Villengegenden. So wird vor allem im Volksdorfer Freilichtmuseum die ländliche Vergangenheit der Region hochgehalten.

▲ Elbchausseevilla: Die Pfeffersäcke wussten zu leben

▼ ›Willkomm Höft‹: Wer kommt da?

▼ Flaggschiff aller hanseatischen Villen: das Jenischhaus in seinem Landschaftspark

▲ Blankenese, gekrönt vom Süllberg

▼ Architektur pur: Villa E 96 an der Elbchaussee

Auf der Elbe nach Blankenese

Das ist wohl der schönste – und bequemste – Ausflug, den die Hansestadt zu bieten hat: mit dem Schiff von den Landungsbrücken bis nach Blankenese. Oben an Deck, die Kirchtürme der Stadt im Rücken, den Blick nach vorne auf den immer breiter werdenden Strom, so wie seit Jahrhunderten die Seeleute und Weltenbummler den Auszug aus Hamburg erleben. Vorbei an den Puppenhäuschen von Övelgönne, an den alten Seglern des Museumshafens, links die Kräne der Containerterminals, rechts immer wieder ein Blick auf die Villen an der Elbchaussee.

Von hier aus, vom Wasser, ist die Pracht von Hamburgs Nobelstraße zu erahnen.

SPECIAL

Hanseat mit Herz

Auch ein hanseatischer Kaufmann kann zum Menschenfreund werden. Das zeigt das Leben des Senatorensohns Caspar Voght (1752–1839), eines Mannes mit weit reichenden Ideen: In Flottbek gestaltete er ein Mustergut – Reste davon bilden heute den Jenischpark – nach dem Prinzip der ›rationellen Landwirtschaft‹. Nach englischem Vorbild verband es wirtschaftliche und sozialreformerische Ideen mit ländlichem Idyll. Einige der Landarbeiterhäuschen, die er für die Arbeiterfamilien errichten ließ, blieben am Rande des Parks erhalten. Sein beispielhaftes Konzept der Armenfürsorge führte zur Gründung der Allgemeinen Armenanstalt. Außerdem unterstützte der vielseitige Idealist das dahinsiechende Stadttheater, verfasste Prologe und stand sogar selbst auf der Bühne. Vom Kaiser in Wien 1802 wegen seiner Armenfürsorge geadelt, hatten die republikanischen Hamburger somit einen leibhaftigen Baron in ihrer Mitte.

Begibt man sich dagegen mit dem Auto auf die ›schönste Straße der Welt‹ – so der Dichter Detlev von Liliencron –, ist Enttäuschung nicht ausgeschlossen. Die Landhäuser der alteingesessenen hanseatischen Oberschicht sind meist so in ihren Parks versteckt, dass nur wenige zu sehen sind.

Und dann endlich Blankenese: weißer Strand, Straßencafés am Elbufer, ein Leuchtturm, Segelboote und über allem der steil ansteigende Hang mit seinen weiß

▲ ›Kiekeberg‹ in den Harburger Bergen gehört zu den drei Freilichtmuseen Hamburgs

▲ Schafe sind wichtig bei der Deichpflege – hier an der Bunthäuser Spitze

▼ Alles, was unter Dampf stehen kann, traf sich in ›Kiekeberg‹

▲ In den Vierlanden: das Freilichtmuseum Rieck-Haus ▼ Trachten im Volksdorfer Museumsdorf

gestrichenen Häuschen, mit stattlichen Villen und reetgedeckten Fischerkaten, mit Treppen und winkligen Gassen, die für Autos zu eng und für Radfahrer zu anstrengend sind. Hier, im äußersten Westen der Stadt, liegt der Süden, Hamburgs mediterrane Flaniermeile. Wo einst Fischer, Elblotsen und Seeleute lebten, erstreckt sich heute eines der schönsten – und teuersten – Viertel der Stadt.

SPECIAL

Altes Land in Nöten

Die einzigartige Kulturlandschaft an der Elbe wird durch drei Neubauvorhaben schwer bedrängt: die Erweiterung des Airbusgeländes, der geplante Bau der Autobahn A26 und die neue Umgehungsstraße für Finkenwerder. Für den Ausbau des riesigen Airbuswerks bei Finkenwerder wurden bereits 140 Hektar des Mühlenberger Lochs zugeschüttet, obwohl das größte Süßwasserwatt Europas Naturschutzgebiet ist. Nun soll die Landebahn für die dicken Transportflugzeuge noch einmal verlängert werden – direkt bis an das Obstbauerndorf Neuenfelde. Obwohl Enteignungen angedroht wurden, gelang es der Stadt nicht, das dafür benötigte Gelände anzukaufen. Und so sind aufwändige und verzögernde Neuplanungen notwendig. Und anhaltender Protest nicht nur der Anwohner macht deutlich, dass – im Gegensatz zu früher – Arbeitsplätze in Hamburg nicht mehr um jeden Preis zu schaffen sind.

Das Alte Land im Blütenrausch

Jedes Jahr Anfang Mai macht eine Frage in Hamburg die Runde: ›Isses schon so weit?‹ Und jedes Jahr hört man den gleichen enttäuschten Seufzer: ›So'n Schiet, schon wieder verpasst.‹ Die Rede ist von der Obstblüte, die das Alte Land für wenige Tage in einen rosa-weißen Märchengarten verwandelt. Per Schiff, Bus, Auto oder Fahrrad wird dann Hamburgs Obstgarten gestürmt. Wer kann, kommt alltags. Dann lässt es sich auf den Deichen gemütlich spazieren gehen, in den Ausflugslokalen gibt es frischen Fisch oder Butterkuchen. Die prachtvollen Fachwerkhöfe und die Kirchen mit ihrer kostbaren Ausstattung erinnern daran, wie wohlhabend die Obstbauern hier einst waren.

▲ Ein Renaissancetraum: das Ahrensburger Schloss

▲ Der Duvenstedter Brook ist ein großes Revier

▲ Die Obstblüte …

▼ … lässt im Alten Land Freude aufkommen

▼ Hier dreht sich (fast) alles um den Apfel: Haus in den Vierlanden

Hamburgs Blumengarten

Hätte Käp'tn Kuddl sich nicht ein Herz genommen, der 750 Jahre alte Fährkontakt zwischen Zollenspieker und Hoopte wäre 1983 eingestellt worden. ›Das wäre doch jammerschade‹, meinte der ehemalige Barkassenführer und übernahm die unrentabel gewordene Verbindung. Mit einem Prahm, einem von einem Schlepper gezogenen Ponton, legte er los. Heute hat er zwei Fähren, eine Barkasse und mehrere Angestellte – und ist eins der Originale der Vierlande.

Was für das Alte Land das Obst ist, das sind für die Vier- und Marschlande Gemüse und Blumen. Auch hier erzählen die bunt und üppig ausgestatteten Kirchen und die Bauernhöfe, typisch niederdeutsche Hallenhäuser, von dem einstigen Reichtum der ›Grünhöker‹. Mittlerweile ist das fruchtbare, von Kanälen durchzogene Elbland Deutschlands größter Produzent von Schnittblumen.

Bergedorf und Harburg

Die Vier- und Marschlande zählen zum Kreis Bergedorf. Das Städtchen an der Bille gehört seit 1867 zwar zu Hamburg, aber die Bergedorfer haben sich trotzdem ihre eigene Identität bewahrt. Wenn sie in die Innenstadt müssen, so fahren sie ›nach Hamburg rein‹. Und auch die Hamburger kommen selten in ihr hübsches Trabantenstädtchen. Statt in die Bergedorfer Altstadt geht es lieber in den Sachsenwald, jenen urwüchsigen Wald, den Kaiser Wilhelm I. 1871 seinem Eisernen Kanzler schenkte.

Auch Harburg, südlich der Elbe, ist für viele Städter unbekanntes Land. Und so haben die meisten Hamburger kaum bemerkt, dass mit dem ›Channel Harburg‹ bereits ein Teil der neuen HafenCity entstanden ist: Hightech-Bürohäuser zwischen alten Getreidespeichern und Kaianlagen.

Harburg wird meist – auf der A 7 – links liegen gelassen, um in die Lüneburger Heide oder den Wildpark Schwarze Berge zu fahren, alles Ausflugsziele, die nicht nur Kindern Spaß machen. Und auf dem Rückweg nach Hamburg, während die Kleinen von Kutschfahrten, Heidschnucken und Hängebauchschweinen schwärmen, hoffen die Eltern, dass ihnen der Stau im Elbtunnel erspart bleibt – sonst wird am nächsten Sonntag nur in den Stadtpark geradelt.

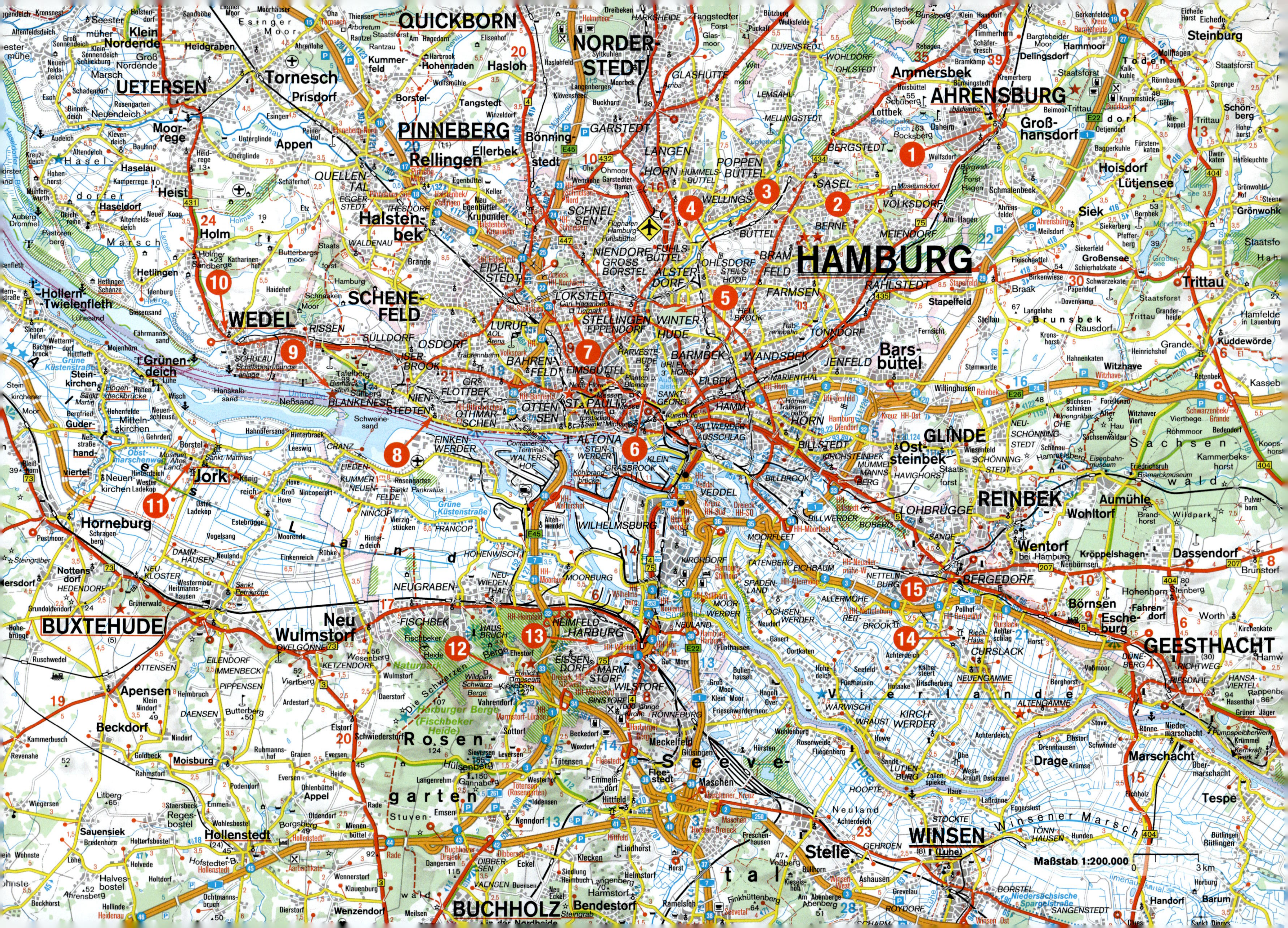
HAMBURG
QUICKBORN
NORDERSTEDT
PINNEBERG
Rellingen
Halstenbek
UETERSEN
Tornesch
WEDEL
SCHENEFELD
AHRENSBURG
Ammersbek
Großhansdorf
Glinde
Oststeinbek
REINBEK
Barsbüttel
BERGEDORF
GEESTHACHT
WINSEN (Luhe)
Stelle
BUCHHOLZ
BUXTEHUDE
Neu Wulmstorf
Jork
Horneburg
HARBURG
WILHELMSBURG
ALTONA
ST. PAULI
EIMSBÜTTEL
BLANKENESE
FINKENWERDER
Seevetal
Rosengarten
Vierlande
Maßstab 1:200.000

Infos

Alle lieben Hängebauchschweine: Schwarze Berge

Ahrensburg 1

Das im 13. Jh. gegründete Dorf gehörte zum Kloster Reinfeld, bis es in den Besitz der Familie Rantzau kam, die es in einen Gutsbetrieb umwandelte. Heute ist Ahrensburg ein schleswig-holsteinischer Vorort Hamburgs.

Sehenswert: Das **Schloss** ließ der dänische Gesandte Peter Rantzau 1596 als Wasserburg nach Glücksburger Vorbild erbauen. Aus dieser Zeit stammen auch die **Kirche** und die ›Gottesbuden‹ (Armenwohnungen) daneben. 1759 kaufte der dänische Schatzmeister H. C. Schimmelmann das Herrenhaus und stattete es so aus, wie es das Museum adliger Wohnkultur heute zeigt (Lübecker Straße 1, Tel. 04102/42510, www.ahrensburg.de; Di.–Do., Sa. und So. April–Sept. 11.00–17.00, Okt. bis März 11.00–15.30 Uhr).

Walddörfer 2

Die von Wäldern umgebenen Dörfer gehörten seit dem Mittelalter mal zu Holstein, mal zu Hamburg. Heute zählen zu dem Wandsbeker Ortsamtsgebiet Volksdorf, Bergstedt, Wohldorf, Duvenstedt und Lemsahl-Mellingstedt.

Sehenswert: Der **Duvenstedter Brook**, mit 7,8 km² Hamburgs größtes zusammenhängendes Naturschutzgebiet, ist Lebensraum für rund 400 Pflanzenarten, 170 Vogelarten, Rot- und Damwild (Führungen: Naturschutz-Informationshaus, Duvenstedter Triftweg 140, Tel. 6072466). Bis zur U-Bahn-Station Ohlstedt erstreckt sich das Naturschutzgebiet **Wohldorfer Wohld (Wald)**; am idyllischen Kupferteich in Ohlstedt stand im 17. und 18. Jh. ein Kupferhammer zur Blechherstellung, an der Herrenhausallee steht noch das Fachwerkhaus (1750) des Besitzers. Am Mühlenteich eine Mühle von 1864. Auch das vom Alsterflüsschen durchzogene **Rodenbeker Quellental** ist Naturschutz- und Wandergebiet.

Den einstigen Alltag der Bauern und Handwerker der Region zeigt das **Museumsdorf Volksdorf** 2. Es entstand um drei 200 bis 300 Jahre alte niederdeutsche Hallenhäuser. Grützmühle und Schmiede wurden rekonstruiert; die Landarbeiterkate ist heute ›Dorfkrug‹ (Im Alten Dorfe 46, Tel. 6039098; Di.–So. 9.00–17.00 Uhr. Besichtigung der Häuser nur mit Führung April–Okt. Di.–So. 15.00 Uhr, Nov–März nur So.; im Sommer letzter Sa. im Monat 14.00–17.00 Uhr Kinderprogramm, Folklore- und Handwerksvorführungen).

Alsterwanderweg 3

Der Wanderweg verläuft 37 km durch das gewundene Tal der Alster. Der Hamburger Wanderverein organisiert zwei schöne Routen: die nördliche (15 km) geht von Kayhude durch Quellgebiet und Moore, vorbei an der Wulksfelder Schleuse, durchs Rodenbeker Quellental nach Poppenbüttel. Die zweite (22 km) führt durch das Alstertal mit seinen Parks und Villen, am Westufer von Außen- und Binnenalster entlang in die Innenstadt und bis zum Hafen (Info: Hamburger Wanderverein, Tel. 230086, Do. 15.00–18.00 Uhr, www.hamburger-wanderverein.de).

Sehenswert: Das **Gut Wellingsbüttel** (Mitte 18 Jh.) war Sitz der Adelsfamilie von Kurtzrock, denen Wellingsbüttel 1673–1806 gehörte; im Torhaus das **Alstertalmuseum** 3 (s. S. 73). Schön auch die **Mellingburger Schleuse**, wo die Alster eine Halbinsel umfließt; im gleichnamigen Restaurant regionale Spezialitäten (Mellingburgredder 1, Tel. 6024001, tgl. außer Di. 12.00–23.00 Uhr).

Ohlsdorfer Friedhof 4

Mit 400 ha und über 300 000 Grabstätten ist er der größte Parkfriedhof der Welt, im Stil eines englischen Landschaftsgartens. Im 19. Jh. wuchs der Bedarf nach innerstädtischem Raum, die Friedhöfe um die Hauptkirchen wurden aufgelöst und 1877 durch den neuen Friedhof ersetzt.

Sehenswert: Die Gebeine prominenter Toter wurden auf den Althamburgischen Gedächtnisfriedhof verlegt – in Platz sparenden Sammelgräbern und nach Berufen sortiert. Hier liegen u. a. Alfred Lichtwark, Philipp Otto Runge und Fritz Schumacher. Weitere Prominente: Hans Albers, Wolfgang Borchert, Heinz Erhardt, Willi Fritsch, Gustaf Gründgens, Carl Hagenbeck. Am Haupteingang gibt es Orientierungskarten; hier ist auch das kleine Friedhofsmuseum zu finden (Haupteingang Fuhlsbütteler Straße/Alsterdorfer Straße, Tel. 593880, www.friedhof-hamburg.de; April bis Okt. tgl. 8.00–21.00, sonst bis 18.00 Uhr, Museum Mo., Do. und So. 10.00 bis 14.00 Uhr).

TIPP

Erlebnis Wohldorfer Wohld

›Historisch-ökologischer Erlebnispfad‹ nennt sich der 7 km lange Rundweg. Das klingt dröge, ist aber ein wunderschöner Wanderweg unter riesigen Bäumen hindurch, vorbei an Mooren und Bächen. Extras wie Lauschecke, Barfußparcours oder Fühlfinder wären gar nicht von Nöten, machen aber trotzdem Spaß und schärfen die Sinne (Anfahrt: U1 bis Ohlstedt, an der Schule Am Walde vorbei in nordw. Richtung zum Duvenstedter Triftweg).

Stadtpark 5

Auf 149 ha erstrecken sich Wald, Wiesen, Sportplätze, Ziergärten, Planschbecken, Freilichtbühne und Biergarten (s. S. 59). Im Stadtparksee gibt es ein ungechlortes Freibad, auf der ›Liebesinsel‹ Bootsverleih (Tel. 2706274). Der Park wurde 1914 eröffnet und seitdem mehrfach umgestaltet.

Sehenswert: Das **Planetarium** im einstigen Wasserturm zeigt die Sterne an einer 13 m hohen Kuppel; lehrreich auch die astronomische Ausstellung (Hindenburgstraße 1, Tel. 42886520, www.planetarium-hamburg.de; Di. 9.00–16.45, Mi.–Fr. 9.00–21.00, Sa. 12.30–21.00, So. 12.30–19.00 Uhr)

Planten un Blomen 6

Der Park (plattdeutsch für ›Pflanzen und Blumen‹) entstand für die Gartenschau von 1935. Zusammen mit dem Alten Botanischen Garten (der Neue liegt in Klein-Flottbek) und den Großen Wallanlagen bildet er auf 45 ha einen grünen Gürtel. Beliebt der große Spielplatz und die Rollschuhbahn in den Wallanlagen, im Winter die Eisbahn.

Sehenswert: Vor dem nordw. Eingang steht seit 1968 der dem Hamburger Physiker Heinrich Hertz gewidmete **Fernsehturm** (204 m, mit Antenne 271,5 m, Café und Drehrestaurant zzt.geschl.). Im **Parksee** von Mai bis Sept. Wasserspiele und farbige Wasserlichtkonzerte (Mai–Aug. tgl. 22.00, Sept. tgl, 21.00 Uhr). Im Japanischen Garten, dem größten Europas, kann man an einer Teezeremonie teilnehmen (Info: Tel. 428544723). Das Tropenhaus (1963) im Bereich des **Alten Botanischen Gartens** (seit 1821) birgt über 2000 Planzenarten (März–Okt. Mo.–Fr. 9.00–16.45, Sa. und So. 10.00–17.45 Uhr, Nov.–Feb. bis 15.45 Uhr); davor die Mittelmeerterrassen (beide unter Denkmalschutz). Auf der anderen Seite des Wallgrabens das idyllisch gelegene Café ›Schöne Aussichten‹

Hamburger Strandleben: In Blankenese scheint die Großstadt weit entfernt

(Gorch-Fock-Wall 4, Tel. 340113, Di.–So. ab 12.00 Uhr).

Congress Centrum Hamburg: Das CCH wurde 1973 eingeweiht und dokumentiert ebenso wie das 118 m hohe benachbarte Hotel den Baustil der 1960er- und 1970er-Jahre. Seine 17 Säle dienen nicht nur Kongressen, sondern auch großen Fest- und Musikveranstaltungen.

HAGENBECKS TIERPARK 7

Der 1907 eröffnete Zoo wird immer noch von der Familie Hagenbeck geführt. In der parkähnlichen Anlage (27 ha) leben ca. 2500 Tiere aus 360 Arten. Der Zoo ist für bedrohte Arten zur wichtigen Zuchtstätte geworden, z. B. für Asiatische Elefanten und Orang-Utans.

Veranstaltungen: Der Tierpark ist für seine Veranstaltungen bekannt – lange Dschungel-, romantische und fernöstliche Nächte (Sa. Mai–Aug.). 2003 wurde der alte Jugendstileingang geschlossen; der neue liegt näher an der U-Bahn-Station (Lokstedter Grenzstraße, Tel. 54000124, www.hagenbeck.de; Winterhalbjahr 9.00–16.30, Sommer 9.00–18.00/ 19.00 Uhr).

NIENSTEDTEN 8

Urspr. eines der ältesten Kirchspiele Holsteins, gehört das 1297 erstmals genannte, hoch über der Elbe gelegene Dorf seit 1937 zu Hamburg.

Sehenswert: Auf dem Friedhof der schmucken **Fachwerkkirche** (1751) liegen Hamburger Kaufleute und Reeder sowie Reichskanzler Brüning und die Schriftsteller Hanns Henny Jahnn und Hubert Fichte. Gegenüber seit 1791 das traditionsreiche Hotel und Restaurant ›Louis C. Jacob‹ (s. S. 89).

Elbchaussee: Von Altona bis Blankenese liegen entlang der 9 km langen Elbchaussee die feinen Vororte des Hamburger Westens. Die meisten Landhäuser an Deutschlands wohl reichster Straße entstanden im 18. Jh. und frühen 19. Jh. inmitten englischer Landschaftsgärten. Die Besitzer, überwiegend Hamburger Kaufleute, ließen die Straße 1830 ausbauen; erst 1889 wurde sie gebührenfrei. Noch in den 1930er-Jahren reichten Gärten bis zur Elbe; Bürgermeister Max Brauer ließ einige öffentlich zugänglich machen.

Zu den bekannten Bauten gehören das Gartenhaus des Bankiers Salomon Heine, des Onkels von Heinrich Heine (Nr. 31); das weiße ›Säulenhaus‹ Brandt (Nr. 186); das ehem. Stallgebäude ›Halbmond‹, 1796 für den englischen Kaufmann Thornton erbaut (Nr. 228), und das ›Elbschlösschen‹ von 1806 des Kaufmanns Baur (Nr. 372). Das Roosenhaus wird heute gesäumt von den Neubauten des Internationalen Seegerichtshofes.

Die viel befahrene Chaussee kann man auch per Bus (Linien 36, 39) kennen lernen. Für Fußgänger schöner ist der Elbuferwanderweg am Fluss entlang (Övelgönne–Wittenbergen ca. 12 km).

Jenischpark: Der herrlich gelegene Park entstand Ende des 18. Jh. als Teil des Voghtschen Landguts (s. Special S. 99) und ist am schönsten erreichbar per Elbfähre (Anleger Teufelsbrück). Nachdem das Voghtsche Gut 1828 an den Senator Jenisch verkauft worden war, ließ dieser auf der höchsten Stelle des Parks ein von K. F. Schinkel inspiriertes Landhaus errichten: das **Jenischhaus** (Museum, s. S. 73). In der Nähe steht das **Ernst-Barlach-Haus** (s. S. 72).

TIPP

Fürst Bismarcks Mühle

Eine Kaffeepause nach der Wanderung durch den Sachsenwald? Von der Terrasse des noblen Restaurants hat man einen schönen Blick auf den Wasserfall der Mühle. Und Kinder erfreuen sich an den Schafen, Ziegen und Gänsen auf der Wiese (Hotel Fürst Bismarck Mühle, 21521 Aumühle, Tel. 04104/2028, Do. bis Di. 12.00–24.00 Uhr).

Neuer Botanischer Garten: Der 27 ha große Park gehört zur Universität. Interessant ist das ›System‹, das die Pflanzen entsprechend ihrer Abstammung darstellt (Ohnhorststraße, S-Bahn-Station Klein Flottbek, Tel. 82293161; tgl. 9.00 Uhr bis ca. 1½ Std. vor Sonnenuntergang).

BLANKENESE 9 – 10

Blankenese 9 (›weiße Landzunge‹), bereits 1302 erwähnt, entwickelte sich Ende des 19. Jh. zum Villenvorort. Der 75 m hohe Süllberg, tiefe Taleinschnitte und der Elbstrand bilden eine beeindruckende Landschaft.

Sehenswert: Das historische Treppenviertel von Blankenese mit den einstigen Häuschen der Lotsen, Fischer und Seeleute liegt rund um das Fährhaus von 1826, seit 1868 Gasthaus (›Sagebiels Fährhaus‹, s. S. 90).

Am Strand entlang oder durch die höher gelegenen bewaldeten Parkanlagen erreicht man das **Falkensteiner Ufer** und den Leuchtturm von Wittenbergen (36 m).

Im 1786 angelegten **Hirschpark** ein Damhirschgehege und das ›Witthüs‹, in dem bis zu seinem Tod der Dichter Hans Henny Jahnn (1894–1959) gelebt hatte, heute stilvolles Café und Restaurant (Tel. 860173, Mo.–Sa. 14.00–23.00, So. ab 10.00 Uhr). Im Baurs Park steht das ehem. Landhaus des Kaufmanns Georg Friedrich Baur, ein klassizistischer Bau von 1836.

Wedel 10**:** Im Geburtsort Ernst Barlachs (s. S. 72) mit einem Roland (1558) auf dem Marktplatz ist beim Ausflugslokal ›Schulauer Fährhaus‹ die **Schiffsbegrüßungsanlage ›Willkomm Höft‹** zu finden: Laut und blechern werden ein- und auslaufende Schiffe ab 500 BRT in ihrer Landessprache und durch Abspielen der Nationalhymne gegrüßt – ein altmodisches Ritual angesichts der Tatsache, dass die Reedereien ihre meisten Schiffe ausgeflaggt und in Billigflaggenländern registriert haben. Hier ist auch ein **Buddelschiff- und**

TIPP

Ausflug nach Falkenstein

Davon haben alle etwas: Das Falkensteiner Ufer lädt zum Wandern ein, der Elbestrand zum Herumtoben. Und oben, am 100 m hohen Ufer, gibt es nicht nur einen großartigen Blick über den Strom, sondern im Sven-Simon-Park auch eine Bauhausvilla. Das Landhaus im Stil des ›Neuen Sachlichen Bauens‹ birgt Puppen und Accessoires aus der Zeit von 1790 bis 1950 (s. S. 73).

Infos

An alter Elbquerung: ›Zollenspieker Fährhaus‹

Muschelmuseum zu finden (Tel. 04103/920016; tgl. 10.00–18.00 Uhr, im Winter nur Mi., Sa. und So.).

Altes Land ⑪

Das fruchtbare Obstbaugebiet gehört zu Hamburg und Niedersachsen. Besonders schön ist eine Deichwanderung an der Lühe oder an der Este während der Obstblüte: Auf 10 500 ha blühen dann die Bäumchen, 90 % Apfel-, 5 % Süßkirschen- und 3 % Birnenbäume (Internet-Blütenbarometer: www.tourismusverband-stade. de).

Sehenswert: In **Neuenfelde** Prunkpforten (17. Jh.) vor den Höfen Nincoper Straße 45 und Stellmacher Straße 9. In der St. Pankratiuskirche ist Arp Schnitger beigesetzt; auf seiner Orgel von 1688 werden im Sommer Konzerte gegeben. Der Hauptort **Jork** hat ein schönes Rathaus (teilweise 12. Jh.) und das ›Museum Altes Land‹ in einem Altländer Fachwerkhaus (Westerjork 49, Tel. 04162/5715; April–Okt. Di.–So. 11.00–17.00, sonst Mi., Sa. und So. 13.00–16.00 Uhr). Eine Besonderheit ist die Hogendieck-Klappbrücke von **Steinkirchen**; im Ort ein alter Marktplatz, und die prächtige Kirche birgt ebenfalls eine Schnitger-Orgel. Per Hadag-Fähre erreicht man **Cranz** mit Ausflugslokalen.

ⓘ Tourismusverein Altes Land, Am Gräfengericht 2, 21635 Jork, Tel. 04162/91470, www.jork.de

Harburg ⑫ – ⑬

Der ›Brückenkopf‹ des Fährverkehrs zum Nordufer der Elbe erhielt bereits im 13. Jh. Stadtrecht und im 17. Jh. eine Festung, die allerdings außerhalb der Stadt lag und diese nicht schützte. Harburg, immer im Schatten Hamburgs, brachte es zu beachtlicher Industrie und einem Seehafen. Ab 1927 Großstadt, endete die Selbstständigkeit 1937 durch das Groß-Hamburg-Gesetz. Kriegswichtige Industrie hatte verheerende Bombardierungen zur Folge. Reste der Altstadt blieben noch um die Schloßstraße herum erhalten.

Sehenswert: Am Rathausplatz mit dem Neorenaissance-**Rathaus** ⑬ (1892) ist das **Helms-Museum** zu finden (s. S. 73). In der **Lämmertwiete** sind noch Fachwerkhäuser aus dem 17. und 18. Jh. zu sehen (Kunsthandwerk, Gastronomie).

Naturpark Schwarze Berge ⑫**:** Am Rand des Moränenrückens mit einer stolzen Höhe von 155 m zeigt das **Freilichtmuseum am Kiekeberg** auf 12 ha das einstige Leben der Winser Marsch und der Nordheide: 28 historische Gebäude, alte Nutztierrassen, regionaltypisches Obst und Gemüse, Fischteich, Gasthof und Spielplatz werden zusammen mit vielfältigen Veranstaltungen erlebnisorientiert präsentiert (Am Kiekeberg 1, Rosengarten-Ehestorf, Tel. 7901760, www.kiekeberg-museum.de; März–Okt. Di.–Fr. 9.00 bis 17.00, Sa. und So. 10.00–18.00, sonst Di.–So. 10.00–16.00 Uhr).

Nur 400 m entfernt liegt der **Wildpark Schwarze Berge** mit tollem Spielplatz, frei laufenden Hängebauchschweinen und vielen anderen Tieren (Tel. 7964233, www.wildpark-schwarze-berge.de; April–Okt. 8.00 bis 18.00, sonst 9.00–17.00 Uhr).

Bergedorf ⑭ – ⑮

Zu Beginn des 12. Jh. gehörte der Ort an der Bille und einem Fernhandelsweg dem Sachsenherzog Heinrich dem Löwen. 1420 eroberten Lübeck und Hamburg Stadt und Schloss und verwalteten es gemeinsam, bis Bergedorf 1867 durch Kauf ganz zu Hamburg kam. Noch 1945 gründete K. A. Körber die Maschinenfabrik Hauni, deren Erträge in viele gemeinnützige und Kulturprojekte flossen. Schön ist die Altstadt um Alte Holstenstraße und Sachsentor.

Sehenswert: Schloss Bergedorf ⑮, bis 1661 im Renaissancestil errichtet und befestigt, ist die einzige erhaltene Burg mittelalterlichen Ursprungs im Hamburger Raum (Museum, s. S. 73). Am Neuen Weg steht das wohl älteste erhaltene **Bahnhofsgebäude** Deutschlands (1842, de Chateauneuf).

Einziges Hamburger Schloss: Bergedorf

SPECIAL

Norder- und Süderelbe

Wilhelmsburg ist Europas größte Flussinsel und jenseits der Wohnsiedlungen noch sehr ländlich. Östlichster Punkt ist die Bunthäuser Spitze mit einem kleinen Leuchtturm, von dem aus man sieht, wie sich der Strom in Norder- und Süderelbe teilt. Ein geschichtsträchtiger Ort, denn im 16. Jh. wurde hier ein für Hamburg folgenreicher Eingriff vorgenommen: Ein Leitdamm, von der Inselspitze hinaus in den Fluss, veränderte den Lauf der Wassermassen. Die Norderelbe, die weniger Wasser führte als der südliche Flussarm, wurde dadurch schiffbarer – sonst wäre womöglich heute Harburg die Metropole und Hamburg ihr Trabant.

Sachsenwald: Drei S-Bahn-Stationen weiter beginnt der 70 km² große Wald, den Bismarck für seine Verdienste um die Reichsgründung von Wilhelm I. erhalten hatte. Bismarck lebte in **Friedrichsruh** bis zu seinem Tod 1898; dort Bismarck-Museum und Mausoleum (Tel. 04104/2419; April–Okt. Di.–So. 10.00 bis 18.00, sonst Mi., Sa. und So. bis 16.00 Uhr, Mausoleum nur Sa. und So.). In **Aumühle** hat die Familie von Bismarck den ›Garten der Schmetterlinge‹ mit Wassergarten und Café angelegt (Am Schlossteich 8, Tel. 04104/6037; Mitte März–Okt. tgl. 9.00–18.00 Uhr).

Vier- und Marschlande: Um 1200 begannen Bauern die Marschen zwischen den Elbarmen zu kultivieren; es entstand eine Kulturlandschaft mit prächtigen Häusern und Kirchen. In **Curslack** ist im **Freilichtmuseum Rieck-Haus** ⑭ die beeindruckende Hofanlage eines Hufners (16.–19. Jh.) erhalten (Curslacker Deich 284, Tel. 7231223; April–Sept. Di.–So. 10.00–17.00, sonst bis 16.00 Uhr). Schön auch die Kirche von 1599.

Das ›**Zollenspieker Fährhaus**‹ war bis 1806 Zollstelle an der Elbquerung Richtung Lüneburg (Ursprung 13. Jh. und 1621). Seit Ende 19. Jh. ist es Ausflugslokal mit Tanzsaal, heute Gaststätte und Hotel; im barocken ›Blauen Saal‹ Wandgemälde (Zollenspieker Hauptdeich 143, Tel. 7931330).

In **Neuengamme** entstand 1938 ein Konzentrationslager, in dem 55 000 Menschen den Tod fanden; heute Gedenkstätte mit Dokumentenhaus (Jean-Dolidier-Weg 39, Tel. 4289603; April–Sept. Mo.–Fr. 9.30–16.00, Sa. und So. 12.00–19.00, sonst Sa. und So. 12.00–17.00 Uhr); das dortige Gefängnis (seit 1948) wird nach Billwerder verlegt.

ANREISE

Auto: Hamburg ist gut über Autobahnen erreichbar. Von Süden her bietet sich die A 7 an, die durch den Elbtunnel am westl. Stadtrand weiter Richtung Kiel/ Flensburg führt. Vom Westen gelangt man auf der A 1 an den südl. Stadtrand und dann Richtung Zentrum.

Bahn: Hamburg ist per Bahn aus jeder Richtung gut erreichbar. Mit dem Hauptbahnhof sowie den Bahnhöfen in Harburg, am Dammtor und in Altona verfügt die Stadt über vier ICE-Bahnhöfe; in Harburg halten jedoch nicht alle Züge. InterCitys und EuroCitys vervollständigen die ausgezeichnete Schienenanbindung. Bequem ist der Nachtreisezug CityNightLine aus Zürich, Baden, Basel, Freiburg, Offenburg, Baden-Baden und Karlsruhe (Linie ›Komet‹; Infos und Buchung unter www.citynightline.ch oder Tel. 01805/ 141514, 12 ct/Min.).

Bus: Der Zentrale Omnibus-Bahnhof (ZOB) liegt beim Hauptbahnhof. Neben regionalen Linien halten Fernbusse aus Skandinavien sowie aus Ost- und Südeuropa, ebenso die täglich verkehrenden Direktbusse nach Berlin.

Flugzeug: Der Flughafen Fuhlsbüttel liegt relativ stadtnah. Leider wird die direkte S-Bahn-Verbindung zum Stadtzentrum frühestens 2008 eingeweiht. So lange muss man sich noch mit dem Bus (Expressverbindungen mit Hauptbahnhof 15 bis 30 Min.) oder dem Taxi begnügen.

AUSKUNFT

Allgemein: Hamburg Tourismus GmbH, Steinstraße 7, 20095 Hamburg, Tel. 040/ 30051300, tgl. 8.00–20.00 Uhr, www.hamburg-tourism.de.

Informationsstellen: Tourist-Information im Hauptbahnhof, Wandelhalle/Ausgang Kirchenallee, Tel. 040/30051201, April–Okt. Mo.–Sa. 8.00–22.00, So. 9.00–21.00 Uhr, sonst kürzer; CCH/Dammtor-Bahnhof, Dag-Hammarskjöld-Platz, Tel. 040/41309994, Mo.–Fr. 8.00–20.00, Sa. 10.00–17.00 Uhr; Tourist-Information am Hafen, St.-Pauli-Landungsbrücken zwischen Brücke 4 und 5, Tel. 040/30051203, April–Okt. tgl. 8.00 bis 18.00, Di., Do., Fr., Sa. bis 19.00 Uhr; Airport Office, Flughafen, Tel. 040/50751010, tgl. 6.00–23.00 Uhr.

BOOTS- UND SCHIFFFAHRTEN

Alsterdampfer: Hamburg muss man per Boot oder Schiff entdecken! Die **Alsterfähren** fahren von Ende März bis Ende Sept. tgl.

Nur ein Flugzeug ist schneller auf Helgoland

10.15–17.15 Uhr im Stundentakt und halten an neun Anlegern: Jungfernstieg, Hotel Atlantic, Rabenstraße, Uhlenhorster Fährhaus, Fährdamm im Alsterpark, Mühlenkamp, Krugkoppelbrücke, Streekbrücke, Winterhuder Fährhaus (Fahrpreis: 1,20 € pro Anleger, ab 5 Anleger 6 €, Hin- und Rückfahrt 8 €, unter 16 Jahren die Hälfte).
Außerdem bietet die Alstertouristik eine **Vielzahl verschiedener Touren** an, vom Dämmertörn über Kanal- und Fleetfahrten bis hin zur Vierlandefahrt nach Bergedorf, die etwa 20 km weit durch den Hafen bis in die grünen Außenbezirke Hamburgs führt. Alle Fahrten beginnen am Anleger Jungfernstieg, wo man auch Tickets bekommt (Info Tel. 3574240, www.alstertouristik.de).

Hafenrundfahrten: Entlang der St.-Pauli-Landungsbrücken warten zahlreiche Barkassen und Fährschiffe sowie zwei imitierte Schaufelraddampfer auf Kundschaft. Die größeren Schiffe bieten mehr Komfort, Getränke und Speisen, die Barkassen versprechen dafür mehr Urigkeit. Sie sind wendiger, können so auch kleinere Elbarme und die Speicherstadt befahren. Die Abfahrtszeiten richten sich nach dem Besucherandrang, lange Wartezeiten gibt es meist nicht. Im Sommer ca. 10.00 bis 18.00 Uhr, im Winter bis zur Dämmerung.

TIPP

Baden in der Anstalt

Was anderenorts Schwimmbad heißt, wird in Hamburg Badeanstalt genannt. Ein Freibad mit ungechlortem Wasser gibt es im Stadtparksee. Zu den ältesten und schönsten Hallenbädern gehört das 1911 eröffnete Bismarck-Bad am Altonaer Bahnhof; in dem stilvoll renovierten Bad werden für Romantiker nächtliche Saunastunden angeboten (Ottensener Hauptstraße 2, Tel. 392663). Das von Fritz Schumacher für Eppendorf entworfene Holthusenbad von 1914 bietet Wellenbad, Sauna und Außenschwimmbecken – hier können die Badenden den Fahrgästen der Hochbahn zuwinken (Goernestraße 21, Tel. 474754). Infos, auch über die anderen 24 Bäder, bei Bäderland Hamburg (Tel. 188890, www.baederland.de).

Info: Kapitän Prüsse, Brücke 3, Tel. 313130; Barkassen-Meyer, Tel. 3177370; Hadag, Tel. 3117070.

Kanu: Besonders reizvoll ist eine individuelle Kanufahrt durch die kleinen Kanäle nördl. der Außenalster – von der halbstündigen Anmietung bis zum Tagesausflug. **Info und Bootsvermietung:** Wüstenberg Bootslagerung, Deelbögenkamp 3, Tel. 517701; Kübis Bootshaus, Poßmoorweg 46e, Tel. 2796741.

Segeln, Rudern: Wer einen Segelschein (DSV A, Sportboot Binnen) besitzt, kann sich eine Jolle mieten. **Bootsverleih:** Prüsse Segelschule, An der Alster 47 a (Ostufer), Tel. 2803131, www.pruesse.de; Bobby Reich, Fernsicht 2 (Nordende), Tel. 487824. Darüber hinaus werden rund um die Außenalster Tret- und Ruderboote vermietet, u. a. Bodos Bootssteg (Anleger Rabenstraße).

Umgebung: Wem Alster und Elbe nicht reichen, kann einen Tagesausflug zu Deutschlands einziger Hochseeinsel **Helgoland** einplanen: Der ›Halunder Jet‹ legt tgl. um 9.00 Uhr an den St.-Pauli-Landungsbrücken ab, um 3½ Std. später Helgoland zu erreichen; die Rückkehr erfolgt um 20.00 Uhr (Förde Reederei Seetouristik, Tel. 0180/3202025, www.frs.de/see). Der Elbe-City-Jet bringt vier Mal täglich ins **Alte Land** (Fahrradtransport); auch er fährt ab St.-Pauli-Landungsbrücken nach Lühe und Stadersand (inkl. Bus nach Stade; Info-Tel. 04142/81170, www.elbe-city-jet.de).

CAMPING

Campingplatz Schnelsen-Nord, Wunderbrunnen 2, 22457 Hamburg, Tel. 5594225, nahe Autobahnabfahrt Schnelsen-Nord (A7); Camping Buchholz, Kieler Straße 374, 22525 Hamburg, Tel. 5404532, nahe Autobahnabfahrt Stellingen (A7). Beide Plätze haben eine gute Busanbindung in die Innenstadt.

FLOHMÄRKTE

Eine Auswahl regelmäßiger Flohmärkte in Hamburg. Ankündigungen anderer Flohmärkte in der aktuellen Presse, bei der Tourismus-Information, unter www.hamburg-magazin.de oder bei Scala/Kontra Tel. 5319129:

Flohdom, WalMart-Gelände, Feldstraße, (St. Pauli); an vier Sonntagen im Jahr 8.00–18.00 Uhr, Info: Kreaktiva, Tel. 04827/ 2479. Neben Trödel auch die eine oder andere Antiquität. Dank der Überdachung kann trockenen Fußes in Ruhe gestöbert werden.

Antik- und Flohmarkt am Museum der Arbeit, Maurienstraße 19 (Barmbek); März–Okt., acht Mal im Jahr 8.00–16.00 Uhr, Info: Tel. 2702766. 6000 m² stehen für Marktstände zur Verfügung. Sammler können hier eine Mischung aus Trödel, Secondhand und Hausrat finden und den Flohmarktbesuch gut mit einem Abstecher in das Museum verbinden.

Antik- und Sammlermarkt auf Kampnagel, Jarrestraße 20 (Winterhude); an zwei bis vier Wochenenden im Jahr (Info: Tel. 2702766). Liebhaber schöner Kulturgegenstände aus zweiter Hand kommen hier auf ihre Kosten. Von Arts & Crafts bis zu Louis Philippe, von Schmuck bis zu Möbeln.

Fundsachen

Zentrales Fundbüro, Bäckerbreitergang 73, 20355 Hamburg, Tel. 428411735, Mo. 8.00 bis 16.00, Di. und Fr. 8.00–12.00, Do. 8.00 bis 18.00 Uhr. Zuständig für alle Fundsachen einschließlich der in Nahverkehrsmitteln gefundenen Gegenstände.

Fussball

Das neue Stadion des **Hamburger Sportvereins** im Altonaer Volkspark nennt sich nach dem Sponsor **AOL-Arena** (Sylvesterallee, S-Bahn Stellingen) und ist eines der modernsten und schönsten Deutschlands.

Der **FC St. Pauli** spielt im baufälligen Stadion am **Millerntor** (U-Bahn St. Pauli oder Feldstraße), dessen Neubau in den Sternen steht. Trotzdem ist die Stimmung bei den Spielen stets feuchtfröhlich und ausgelassen.

Internet-Cafés

Die Zahl der Internet-Cafés steigt ständig. Hier eine Auswahl in verschiedenen Stadtteilen:

Fun Club Internetcafé, Fischers Allee 78 (Ottensen), www.icafe-funclub.de

Matchgames, Rothenbaumchaussee 61 (Rotherbaum)

Tipp

Kunst am Bau

Wer sich für Hamburger Baugeschichte interessiert, aber keinen Kunstführer zur Hand hat, braucht auf Informationen trotzdem nicht zu verzichten. An fast allen nennenswerten Bauwerken der Hansestadt hängt eine blaue Tafel mit ausführlichen Angaben.

Daten und Fakten

- **Einwohner:** Mit 1,72 Mio. Einwohnern ist Hamburg nach Berlin die größte deutsche Stadt. Die Anzahl von Bürgern mit ausländischem Pass liegt bei rund 260 000, das entspricht einem Anteil von rund 15 %. 16 % der Bevölkerung sind jünger als 18 Jahre, 24 % dagegen 60 Jahre und älter.
- **Stadtgebiet:** Das Stadtgebiet umfasst 755,3 km². Die Nord-Süd-Ausdehnung beträgt 38,6 km, die Ost-West-Ausdehnung 41,3 km. Die höchste Erhebung (116 m) liegt in den Harburger Bergen. Die Landesgrenze ist 206 km lang, 78 km davon werden mit Niedersachsen geteilt, 128 km mit Schleswig-Holstein. 13 % des Stadtgebiets bestehen aus Grünflächen, 8 % aus Wasserflächen; die größte davon ist die Außenalster mit 1,64 km². 55 km² Fläche (7 %) sind als Naturschutzgebiete ausgewiesen, 156 km² (20,6 %) als Landschaftsschutzgebiete. Ca. 2400 Brücken überspannen die zahlreichen Wasserläufe, die große Teile der Stadt durchziehen, rund 215 000 Straßenbäume sorgen für Sauerstoff.
  Eine Besonderheit sind die zum Bezirk Mitte zählenden Inseln Scharhörn und Neuwerk, etwa 100 km von der Stadt entfernt vor der Elbmündung in der Nordsee.
- **Verwaltung:** Hamburg ist ein Bundesland der BRD und damit Stadtstaat. Der Ministerpräsident heißt ›Erster Bürgermeister‹, die Regierung ›Senat‹ und das Landesparlament ›Bürgerschaft‹. Erster Bürgermeister ist (2005) Ole von Beust (CDU).
  Das Stadtgebiet ist in sieben Bezirke unterteilt: Harburg und Bergedorf, südl. der Elbe, sind mit 160 km² bzw. 154 km² die flächenmäßig größten; der Bezirk Hamburg Mitte umfasst als schmaler Streifen in Ost-West-Richtung die Gebiete links und rechts der Elbe; die vier nördlich des Stroms gelegenen Bezirke Altona, Eimsbüttel, Hamburg-Nord und Wandsbek sind mit 27 und 49 Einw. pro ha am dichtesten besiedelt.
- **Wirtschaft:** Das Hamburger Bruttoinlandsprodukt belief sich 2001 auf 71 Mrd. Euro, 1,3 % mehr als 2000. Von den gut 1 Mio. Arbeitsplätzen stellen 30 % Handel, Gastgewerbe und Verkehr, 28 % öffentliche und private Dienstleister, 18 % das produzierende Gewerbe einschl. Bauwirtschaft. Rund 300 000 Menschen sind Pendler aus dem Umland.
  Große Arbeitgeber sind der Hafen, der seit Jahren steigende Rekordumsätze produziert, mit all seinen Zulieferern, und die Luftfahrtindustrie mit der Lufthansawerft und dem riesigen Gelände der Airbus AG in Finkenwerder – Hamburg ist nach Seattle und Toulouse der drittgrößte Standort der Flugzeugindustrie weltweit.
  Wichtig ist auch der Bankensektor mit fast 170 Kreditinstituten.
  Auch die Medienindustrie bildet einen Schwerpunkt: Es gibt etwa 10 800 Werbeagenturen, Film- und Fernseh-Gesellschaften, Musikverlage und Zeitungs- und Zeitschriftenverlage. Rund 70 % aller deutschen Tonträger und jedes zweite in Deutschland gelesene Blatt werden hier produziert; 16 der 20 auflagenstärksten Zeitschriften werden an der Elbe verlegt (Verlage u. a. Gruner & Jahr, Springer, Heinrich-Bauer, Spiegel). Es gibt an die 1000 Firmen rund um die Filmwirtschaft, Zentrum der Szene ist das rund 80 000 m² große ›Studio Hamburg‹ in Tonndorf. Von den zehn erfolgreichsten Werbeagenturen Deutschlands kommen fünf aus Hamburg, darunter Springer & Jacoby, Scholz & Friends und Jung von Matt; insgesamt widmen sich rund 3540 Agenturen der Werbung.
  Auch als Messe-Standort hat Hamburg überregionale Bedeutung, die sich mit dem Neubau von vier weiteren Hallen und einer Aufstockung der Fläche von 65 000 m² auf 85 000 m² beim Dammtor noch vergrößern wird.
- **Klima:** ›Hamburger Schmuddelwetter‹ bedeutet grauer Himmel, Nieselregen und Gegenwind. Statistisch gesehen ist mindestens jeder dritte Tag ein Regentag. Trotzdem: Hamburg hat Sonnenstunden wie München. Die sommerlichen Tagestemperaturen liegen im Durchschnitt bei 22 °C, im Winter deutlich über 0 °C.

Spiele-Netzwerk, Kleiner Schäferkamp 24 (Schanzenviertel), spiele_netzwerk@hotmail.com
Exit Internet-Café, Mümmelmannsberg 75, (Mümmelmannsberg), www.mitglied.tripod.de/ExitHH/index.html
Arena-Network Café, Kollaustraße 8 (Lokstedt), www.arena-network.com
Café-online, Neuer Pferdemarkt 36 (St. Pauli), www.cafe-online.de

Jugendherbergen

JH Stintfang, Alfred-Wegener-Straße 5, Tel. 040/313488, jh-stintfang@djh.de, www.jugend herberge.de. Von der Lage her unschlagbar direkt an den Landungsbrücken, mit Blick über den Hafen. Unbedingt anmelden!
Jugendgästehaus Horner Rennbahn, Rennbahnstraße 100, Tel. 040/6511671, jgh-ham burg @t-online.de, www.jugend herberge.de. Etwas weiter außerhalb im östl. Teil Hamburgs. Sehr preisgünstig.

Kinder

In Hamburg gibt es eine Menge Aktivitäten für Kinder. Ein Klassiker ist **Hagenbecks Tierpark** (s. S. 106). Attraktiv ist auch der ›**Dom**‹, das große Volksfest; im Frühjahr, Sommer und Herbst verwandelt sich das Heiligengeistfeld auf St. Pauli für jeweils vier Wochen in einen riesigen Jahrmarkt, wo von Karussells bis Zuckerwatte alles geboten wird, was Kindern Spaß macht (tgl. ab 15.00 Uhr, s. S. 91). Im Park ›**Planten un Blomen**‹ (s. S. 105) findet von Mai bis Aug. ein Kinder-Sommerprogramm statt (Info: Bezirksamt Hamburg-Mitte, Tel. 428244723); außerdem einer der größten Spielplätze der Stadt, Ponyreiten, Wasserspiele und eine Rollschuh- bzw. Eislaufbahn. Im **Stadtpark** (s. S. 105) gibt es außer dem großen Spielplatz noch Planschteich, Freibad und das Planetarium. Für Regentage eignen sich gut das ›**Theater für Kinder**‹ (s. S. 71), das **Miniatur Wunderland** (s. S. 45) und das **Zoologische Museum** (s. S. 60). Der Museumspädagogische Dienst bietet speziell auf Kinder zugeschnittene Führungen durch verschiedene Hamburger Museen an. Beispielhaft ist die **Hamburg Kunsthalle** mit ihrer ›Kinder-Zeit‹, die Eltern einen Museumsbesuch ermöglicht, während die Kinder (4–12 Jahre) sich bei einem Kunstpädagogen verwirklichen (Sa. 14.00–17.00 Uhr, Info: Tel. 428131213). Weiteres s. auch unter ›Sport‹.

Notdienste

Polizei Tel. 110
Feuerwehr, Rettungsdienst Tel. 112

TIPP

Mit dem HVV auf die Elbe

Was einst für die Hafenarbeiter gedacht war, wird auch gern von Ausflüglern genutzt: die Linienschiffe der HADAG. Man kann sie mit einer normalen HVV-Karte benutzen. Besonders lohnend ist die Fahrt mit der Linie 62 nach Finkenwerder und weiter nach Teufelsbrück mit der Linie 64. Von dort kann man nach Blankenese fahren (April–Sept. auch direkt von den Landungsbrücken) und weiter ins Alte Land. An Bord bietet sich ein herrlicher Blick auf die vorüberziehenden Elbvororte. Fahrräder können jederzeit mitgenommen werden. Ab Teufelsbrück muss allerdings zum HVV-Schein zugezahlt werden. Abfahrt an der Landungsbrücke 2, am Fischmarkt, im Museumshafen Övelgönne (Fahrplanauskünfte beim HVV, Tel. 19449, Fahrkartenautomaten an den Anlegern sowie auf den Schiffen).

Ärztlicher Notdienst Tel. 228022
Kinderärztlicher Notdienst Tel. 19242
Zahnärztlicher Notdienst Tel. 011500
Apotheken-Notdienst Tel. 228022; ein Notdienstplan hängt bei jeder Apotheke aus

Öffentlicher Nahverkehr

Das Nahverkehrsnetz des HVV (Hamburger Verkehrsverbund) ist mit einer Gesamtlänge von 2218,7 km sehr gut ausgebaut und reicht an vielen Stellen über die Stadtgrenzen hinaus. Es verfügt über 258 Bahn-, Bus- und Schiffslinien mit 3294 Haltestellen. S- und U-Bahnen verkehren etwa von 5.00 bis 1.00 Uhr in der Regel im 5- bis 10-Minuten-Takt; erst nach 22.00 Uhr werden die Zeitabstände länger. Zwischen 1.00 und 5.00 Uhr sind nur einige Nachtbuslinien im Einsatz. **Fahrkarten** gibt es an den Automaten in jeder U- und S-Bahn-Station, ebenso eine Tarifübersicht, die den Tarif für das gesuchte Ziel angibt. Im Bus wird das Ticket beim Fahrer gelöst.
Für Touristen bieten sich **Tageskarten** an: Ganztageskarte (1 Erw. und bis zu 3 Kinder unter 15 Jahren: 5,50–13,60 €); 9-Uhr-Tageskarte (1 Erw. und bis zu 3 Kinder unter 15 Jahren, gültig ab 9.00 Uhr: 4,65–11,90 €); Drei-Tageskarte (1 Person, drei Tage lang gültig: 13,30 €); Gruppenkarte (bis zu 5 Personen beliebigen Alters, gültig ab 9.00 Uhr: 7,75–18,60 €). Besitzer der **Hamburg Card** (s.Tipp.) müssen sich nicht mehr um die Fahrkartenbeschaffung kümmern, sie haben freie Fahrt im gesamten Großbereich des HVV.

Radfahren

Hamburg ist eine Stadt, die sich gut zum Fahrradfahren eignet. Es gibt kaum Steigungen sowie ein akzeptables Netz aus Radwegen, zum Beispiel rund um die Alster oder am Elbufer bis nach Wedel, an den vielen Kanälen entlang oder durch die zahlreichen Parks der Stadt. Aber auch der Innenstadtbereich oder der Hafen bieten keine nennenswerten Probleme.
Bahn, Bus und Schiff: Die Mitnahme von Fahrrädern ist auf den Hafenfähren immer möglich, im S- und U-Bahnnetz fast immer außer Mo.–Fr. 6.00–9.00 und 16.00 bis 18.00 Uhr. In Bussen ist eine Mitnahme nicht gestattet.
Kartografie: Einen aktuellen ›Radatlas Hamburg‹ gibt es beim Allgemeinen Deutschen Fahrrad-Club (ADFC), Postfach 702108, 22021 Hamburg, www.hamburg.adfc.de.
Fahrradverleih: Fahrradverleih am Hauptbahnhof, Tel. 391850475; **Fahrradladen Altona,** Barnerstraße 28, Tel. 3903824; **Eimsbütteler Fahrradladen,** Osterstraße 13, Tel. 493061; **Fahrradladen St. Georg,** Schmilinskystraße 6, Tel. 243908; **Rad & Tat,** Am Felde 2 (Ottensen), Tel. 395667.

Sport

Schwimmbäder und Sauna: Die städtische Bäderland GmbH unterhält 26 Frei- und Hallenbäder im Stadtgebiet, viele davon mit Saunabereich, Fitness-Angeboten, Wellness- und Gesundheits-Workshops, Babyzonen, Riesenrutschen. Infos zu Standorten und Eintrittspreisen: Tel. 78883737, www.baederland.de (s. auch Tipp).
Skaten: Im **i-punkt-skateland** drinnen und draußen auf 4500 m² Rollfläche mit Halfpipe, Bowl u. a.; auch für BMX (Spaldingstraße 131, Tel. 234458, www.i-punkt skate land.de; Mo., Di. und Do. 15.00–20.00, Mi. 15.00–23.00, Fr. 15.00–1.00, Sa., So. und in den Ferien 13.00–20.00 Uhr; außer Mi. und Fr. abend Eintritt frei). **Große Wallanlagen** (Planten un Blomen, Tel. 3193546; Mitte März–Mitte Nov. tgl. 10.00–21.00 Uhr, Eintritt frei).
Eislaufen: Große Wallanlagen (Planten un Blomen), Tel. 3193546, Mitte Nov.–Mitte März tgl. 10.00–22.00 Uhr.
Klettern: Der Deutsche Alpenverein macht es möglich; der Berg – in Form eines 13 m hohen Turms mit über 1500 Griffen – ruft auch in Hamburg (DAV-Kletterzentrum, Dörnstraße 4, Lokstedt, Tel. 56056599, www.kletterzentrum-hamburg.de; Mo.–Fr. 8.00–21.00, Sa. und So. ab 10.00 Uhr. Anfängerkurse möglich).

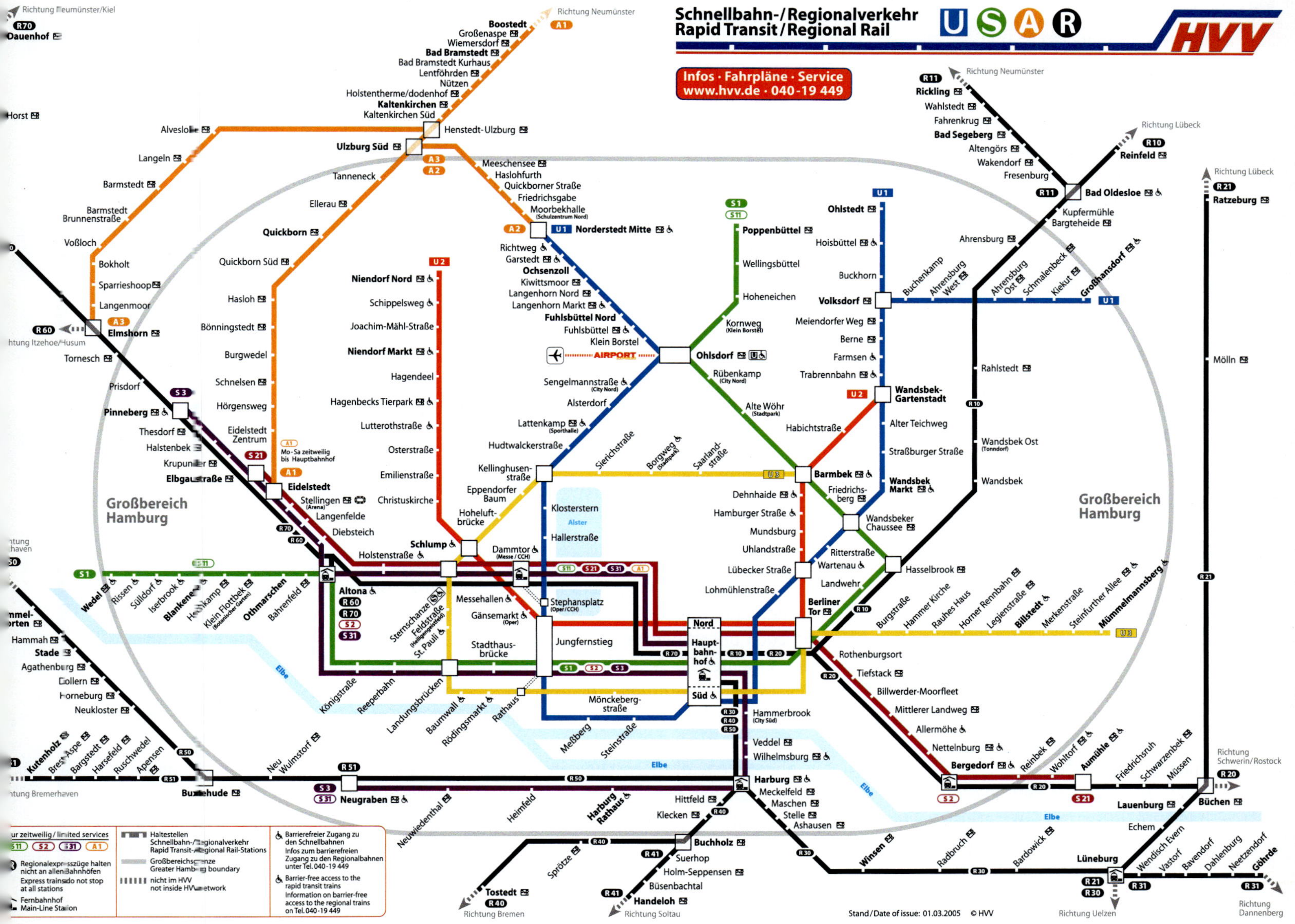

Hamburg Card

Mit der Hamburg Card hat man freie Fahrt in allen öffentlichen Verkehrsmitteln im Großbereich. Darüber hinaus gibt es zum Teil stattliche Ermäßigungen zum Beispiel bei Stadtrundfahrten, Hafenrundfahrten und Alstertouren oder bei Besuchen in ›Hagenbecks Tierpark‹ oder im ›Michel‹. Auch viele Museen bieten ermäßigten oder freien Eintritt bei Vorlage dieser Karte. Sie ist bei jeder Tourist-Information, in Kundenbüros des HVV und in vielen Hotels erhältlich: Einzelkarte (1 Erw. und bis 3 Kinder unter 12 Jahre: Tageskarte 7,30 €, Drei-Tages-Karte 15,00 €), Gruppenkarte (bis zu 5 Pers. beliebigen Alters: Tageskarte 13,50 €, Drei-Tages-Karte 23,90 €).

Stadtrundfahrten und -flüge

Rundfahrten: Die **Doppeldecker-Busse** sind nicht zu übersehen. Alle Touren führen durch die Innenstadt, durch St. Pauli und am Hafen entlang, manche auch um die Außenalster (Dauer ca. 2 Std.). Einige Touren werden mit einer Hafenrundfahrt kombiniert. Fahrkarten für alle Fahrten sind direkt in den Bussen erhältlich, eine Anmeldung ist nicht notwendig (Abfahrtspunkte Kirchenallee vor dem Hauptbahnhof und an den St.-Pauli-Landungsbrücken zwischen den Brücken 1 bis 4 und an weiteren Haltepunkten; Info bei den Tourist-Informationen).

Darüber hinaus werden Specials wie zum Beispiel eine ›Szene Night Tour‹ oder eine besonders ausführliche ›Gala-Tour‹ angeboten (Info: Tel. 6720384).

Die **Hummelbahn** – eine Art Bimmelbahn auf Rädern – fährt von April bis Okt. (Info: Tel. 7928979).

Rundflüge: Ein Flug über Hamburg vermittelt völlig neue Ansichten. Sei es mit dem Hubschrauber (Info: Tel. 30051300), mit dem Wasserflugzeug (Start und Landung im City-Sporthafen am Baumwall, Tel. 378341) oder mit der berühmten JU-52 ab Hamburg-Flughafen (Tel. 50701717).

Rundgänge: Per pedes lässt sich eine Stadt am besten kennen lernen. Die Gästeführer der Tourismus-Zentrale bieten vielerlei thematische Stadtrundgänge an, die jeweils einen besonderen Aspekt Hamburgs beleuchten, so zum Beispiel die Kontorhäuser, Speicherstadt und HafenCity, Hamburgs Hauptkirchen oder St. Pauli und die Reeperbahn. Auskunft bei allen Tourist-Informationen.

›Zur Kur auf dem Kiez‹? Die Kurverwaltung St. Pauli macht es möglich (Treffpunkt ohne Anmeldung U-Bahn-Station St. Pauli, Sa. 20.00 Uhr; Info: Tel. 31790747) und bietet dem ›Kurgast‹ diesen und weitere interessante Rundgänge voller Informationen.

GESCHICHTE

- **8000 v. Chr.** Rentierjäger lagerten bei Ahrensburg.
- **7. Jh.** Erste Siedlungen in der Nähe des heutigen Stadtzentrums.
- **832** Erste urkundliche Erwähnung der ›Hammaburg‹ (ham = altsächs. für Ufergelände, Marschland) als Missionsstation des Bischofs Ansgar.
- **10. und 11. Jh.** Trotz Wikinger- und Slawen-Überfällen entwickelte sich Hamburg, besaß um 1000 etwa 600 Einwohner.
- **1188** Gründung der Neustadt.
- **1189** Ein gefälschter Freibrief Kaiser Friedrichs I. Barbarossa gewährte den Bürgern der Neustadt Handels- und Zollfreiheit.
- **1270** Im ›Ordeel-Book‹ wurde das erste eigene Stadtrecht formuliert.
- **1280** 5000 Einwohner.
- **1321** Beitritt zur Hanse, einem Zusammenschluss vor allem norddeutscher Handelsstädte, dem es besonders um Sicherung und Ausbau der Handelswege ging.
- **1401** Hamburgische Kriegsschiffe stellten vor Helgoland Klaus Störtebeker. Er und seine Piraten wurden auf dem Grasbrook geköpft.
- **1529** Im Zuge der Reformation wurde Hamburg lutherisch. Wichtigster Vorkämpfer war Johannes Bugenhagen, später auch Luthers Beichtvater.
- **1558** Gründung der Börse.
- **1600** Glaubensflüchtlinge aus ganz Europa ließen die Einwohnerzahl auf 40 000 steigen. Die Entdeckung Amerikas und die neuen Handelsströme brachten Hamburg große Vorteile.
- **1618** Ausrufung zur ›kaiserlich freyen Reichsstadt‹.
- **1712** Nach langjährigen Streitigkeiten einigten sich Rat und Bürgerschaft auf eine neue Verfassung, die eine Beteiligung der gesellschaftlichen Oberschicht an der Regierung ermöglichte.
- **1768** Die jahrhundertealten Konflikte mit Dänemark wurden beigelegt. Der Nachbar im Norden gab seine Ansprüche auf Hamburg auf.
- **1810** Hamburg wurde Napoleons französischem Kaiserreich einverleibt. Aufgrund der verhängten Kontinentalsperre brach das Wirtschaftsleben zusammen.
- **1815** Beitritt zum Deutschen Bund als ›Freie und Hansestadt‹ (1819).
- **1842** Der Große Brand zerstörte innerhalb von vier Tagen (5.–8. Mai) nahezu die gesamte Altstadt.
- **1848** Die bürgerliche Revolution brachte eine demokratische Verfassung. 1849 stellten allerdings preußische Truppen die alten Machtverhältnisse wieder her. Eine halbwegs liberale neue Verfassung führte zur ersten Wahl einer Bürgerschaft.
- **1880** 454 000 Einwohner.
- **1888** Zollanschluss an das Deutsche Reich. Schaffung des Freihafens mit der Speicherstadt für den Transithandel (seit 2003 ohne Speicherstadt).
- **1892** Erneute Cholera-Epidemie mit 8605 Toten aufgrund hygienisch mangelhafter Wohnbedingungen. Die Elendsviertel der Stadt wurden daraufhin abgerissen, die Menschen in Vororte umgesiedelt.
- **1894** Hamburg erhielt zu seinen Pferdebahnen eine elektrische Straßenbahn (1978 eingestellt).
- **1910** Hamburg wurde Millionenstadt, der Hafen drittgrößter der Welt nach London und New York.
- **1911** Der Elbtunnel wurde in Betrieb genommen. 1912 nahm die Hamburger Hochbahn (U-Bahn) ihren Betrieb auf.
- **1921** Einführung einer parlamentarisch-demokratischen Verfassung mit Senat und Bürgerschaft. In der Zeit der Weimarer Republik regierten Sozialdemokraten und Liberale.
- **1924** Die Norddeutsche Rundfunk AG nahm ihren Sendebetrieb auf.
- **1933** Nach Auflösung der Bürgerschaft durch die Nationalsozialisten unterstand Hamburg dem Reichsstatthalter Hofmann. In den Konzentrationslagern Neuengamme und Fuhlsbüttel starben im Verlauf der nächsten zwölf Jahre rund 55 000 Menschen.
- **1937** Das ›Groß-Hamburg-Gesetz‹ brachte die Eingemeindung der Preußischen Städte Altona, Harburg, Wandsbek und weiterer Gemeinden. Dafür verlor Hamburg Cuxhaven.
- **1939** 1,71 Mio. Einwohner.
- **1940–1945** Schwerste Luftangriffe zerstörten die Hälfte der Stadt sowie 80 % der Hafenanlagen und forderten rund 40 000 Tote. Im Mai 1945 zogen englische Truppen in die Stadt ein.
- **1946** Max Brauer wurde Erster Bürgermeister der Hansestadt.
- **1952** Eine neue, bis heute gültige Verfassung trat am 1. Juli in Kraft.
- **1962** Bei einer schweren Flutkatastrophe starben in der Nacht 16./17. Februar 315 Menschen. Neue Flutschutzbauten entstanden und bewährten sich bei der Flut 1976.
- **1974** Inbetriebnahme der Köhlbrandbrücke und 1975 des neuen Elbtunnels.
- **1982** Erstmals zogen grüne Politiker in die Bürgerschaft ein.
- **1987** Erster Pachtvertrag mit den Bewohnern der jahrelang besetzten und umkämpften Häuser an der St.-Pauli-Hafenstraße.
- **1989** Hamburg feierte den 800. Hafengeburtstag.
- **1996** Hamburg wurde Sitz des Internationalen Seegerichtshofs.
- **2001** Die SPD wurde nach 44 Jahren als Regierungspartei abgelöst. Seit 2004 verfügt die CDU über die absolute Mehrheit in der Bürgerschaft.
- **2002** Inbetriebnahme des modernsten Containerterminals der Welt.
- **2003** Hamburg unterlag bei der nationalen Olympiabewerbung Leipzig.

THEATERKASSEN

Eintrittskarten für fast alle Veranstaltungen gibt es auch über die Tourist-Information. Im Folgenden sind einige Theaterkassen in verschiedenen Stadtteilen aufgeführt: **Alsterhaus**, Jungfernstieg 16 (Innenstadt), Tel. 040/353555; **Collien Konzertkasse**, Eppendorfer Baum 25 (Eppendorf), Tel. 040/483390; **Kartenhaus**, Schanzenstraße 5 (Schanzenviertel), Tel. 040/433110; **Konzertkasse Gerdes**, Rothenbaumchaussee 77 (Rotherbaum), Tel. 040/453326; **Theaterkasse Central**, in der Landesbank-Galerie, Gerhard-Hauptmann-Platz 48 (Innenstadt), Tel. 040/337124

WOCHENMÄRKTE

Mehr als 40 Wochenmärkte gibt es in Hamburg. Die schönsten sind:

Isemarkt, Isestraße (Harvestehude/Eppendorf), Di. und Fr. 8.30–14.00 Uhr. Viele südländische Spezialitäten auf der Meile unter der Hochbahn.

Spritzenplatz (Altona/Ottensen), Di. 8.00 bis 13.00 und Fr. 8.00–18.30, Ökomarkt Mi. 15.00–18.00 Uhr. Im Herzen des lebendigen Viertels.

Großneumarkt (Neustadt), Mi. und Sa. 8.30 bis 13.30 Uhr. Von Kneipen umgeben.

Register

Fette Ziffern verweisen auf Abbildungen.

Impressum

3. aktualisierte Auflage 2006
Verlag: HB Verlag, Marco-Polo-Zentrum, 73760 Ostfildern, Postfach 3151, 73751 Ostfildern, Tel. 0711/4502-0, Fax 0711/4502-135, www.hb-verlag.de, info@bildatlas.de
Geschäftsführer: Dr. Thomas Brinkmann, Dr. Stephanie Mair-Huydts

Chefredaktion und Programmleitung: Rainer Eisenschmid, Birgit Borowski
Redaktion Horst Keppler
Text: Cornelia Franz, Hamburg
Exklusiv-Fotografie: Mike Schröder, Argus Fotoagentur
Titelbild: Peter Frischmuth/Argus Fotoagentur
Zusätzliches Fotomaterial: Stage Entertainment, Hamburg (S. 79 u.r.); Stöter Consult, Hamburg (S. 99 u.r.); Förde Reederei Seetouristik, Flensburg (S. 108)
Konzeption und Layout: CYCLUS · Visuelle Kommunikation, Stuttgart
Kartografie: © MAIRDUMONT GmbH & Co KG, Ostfildern
HB Bildatlas Fotoservice: HB Verlag, Marco-Polo-Zentrum, 73760 Ostfildern, Tel. 0711/4502-266, Fax 0711/4502-1006, a.nebel@mairdumont.com

Für die Richtigkeit der in diesem HB Bildatlas angegebenen Daten – Adressen, Öffnungszeiten, Telefonnummern usw. – kann der Verlag keine Garantie übernehmen. Nachdruck, auch auszugsweise, nur mit vorheriger Genehmigung des Verlages. Erscheinungsweise: monatlich.

Anzeigenalleinverkauf: KV Kommunalverlag GmbH & Co. KG, MediaCenterMünchen, Postfach 810565, 81905 München, Tel. 089/928096-44/-52, Fax 089/928096-62, kramer@kommunal-verlag.de, www.mediacentermuenchen.de
Vertrieb Zeitschriftenhandel: Partner Pressevertrieb GmbH, Postfach 810420, 70521 Stuttgart, Tel. 0711/7252-227, Fax 0711/7252-310
Vertrieb Abonnement: Zenit Pressevertrieb GmbH, Postfach 810640, 70523 Stuttgart, Tel. 0711/7252-265, Fax 0711/7252-333, hbverlag@zenit-presse.de
Vertrieb Buchhandel und Einzelhefte: MAIRDUMONT GmbH & Co KG, Marco-Polo-Zentrum, 73760 Ostfildern, Tel. 0711/4502-0, Fax 0711/4502-340
Reproduktionen: Otterbach Medien KG GmbH & Co., Rastatt
Druck und buchbinderische Verarbeitung: Echter Druck GmbH, Würzburg. Printed in Germany

ISBN 3-616-06158-X

Zeichenerklärung

Cityplan
- Autobahn
- Mehrbahnige Autostraße
- Durchgangsstraße
- Hauptstraße
- Sonstige Straßen
- Einbahnstraße - Fußgängerzone
- Parkplatz - Parkhaus - Information
- Eisenbahn mit Bahnhof
- S-Bahn mit Bahnhof
- U-Bahn mit Station
- Omnibuslinie mit Endhaltestelle
- Fluss mit Fähre
- Polizei - Post
- Feuerwache - Krankenhaus
- Kirche - Kapelle - Synagoge - Moschee
- Park & Ride - Jugendherberge
- Info - Hinweis
- Bebauung - öffentliches Gebäude
- Industriegebiet

Stadtübersichtsplan
- Autobahn mit Anschlussstelle und Nr.
- Mehrspurige Bedarfsumleitung für Autobahnabschnitt mit Nr., Richtung und Gesamtlänge der Umleitung
- Groß- und Kleinkilometrierung
- Bundesstraße mit Nummer
- Wichtige Hauptstraße
- Eisenbahn mit Hauptbahnhof - Bahnhof - Güterbahnhof
- S-Bahn mit Bahnhöfen
- U-Bahn oder Stadtbahn mit Bahnhof
- Sonstige Bahn mit Haltestelle
- Parkplatz mit WC - Parkplatz ohne WC
- Tankstelle - Rasthaus
- Babywickelraum - Kinderspielplatz
- Autohof - Park+Ride-Platz
- Verkehrsflughafen - Autozug-Terminal
- Info -Hinweis

Autoatlas
- Autobahn mit Anschlussstelle -, Bedarfsumleitung
- Rasthaus mit Übernachtung - Raststätte, Kleinraststätte - Tankstelle - Autohof, Parkplatz mit WC - Parkplatz ohne WC
- Autobahnähnliche Schnellstraße
- Fernverkehrsstr. - Wichtige Hauptstr.
- Hauptstraße - Nebenstraße
- Entfernungen an Autobahnen in km, Entfernungen an Straßen in km
- Touristenstraße
- Landschaftlich schöne Strecke
- Kultur - Eine Reise wert (STADE)
- Kultur - Lohnt einen Umweg (AHRENSBURG)
- Kultur - Sehenswert (Carl Hagenbecks Tierpark)
- Info - Hinweis
- Campingplatz-Jugendherberge-Golfpl.
- Sportboothafen - Bedeutendes Areal
- Schwimm-, Strand-, Erlebnisbad

Erholung und Ausflüge Nördlich der Elbe

Hansestadt Hamburg

Erholung und Ausflüge im Lüneburger – Heideland

Lüneburger Heideland

Elbe und Heide vor den Toren Hamburgs

Erholung und Freizeitspaß, wo die Elbe und Heide am schönsten sind.

Natur pur · Freizeitparks · viele Tagestouren · Wandern · Segeln · Radfahren · Reiten · Paddeln

Weitere Informationen: Lüneburger Heideland Touristik GmbH · Rathausplatz 4 · 21244 Buchholz i.d.N.
Tel.: 04181/969696 · Fax: 04181/969697 · info@lueneburger-heideland.de · www.lueneburger-heideland.de

Inh. Claus Röder
21266 Jesteburg
Kleckerwaldweg 1
Telefon 04183/2008
Fax 3311
e-mail: jesteburgerhof@t-online.de
Internet: jesteburgerhof.de

HOTEL JESTEBURGER HOF

Das gastliche Haus in der Nordheide

Behagliche Zimmer und hervorragende Küche bieten unseren Gästen einen angenehmen Aufenthalt. Wir liegen direkt zwischen Hamburg (35 km) und den ausgedehnten Heideflächen des Naturschutzparkes. Angebot: 3 Tage 2 Übern. incl. HP € 98,- p. Pers/DZ.
Idealer Ausgangspunkt für Hamburgbesuche.

Hotel Sellhorn

RINGHOTEL HANSTEDT

Komforthotel mit Restaurant, Kaffeegarten und neuer Badeabteilung mit Beautyfarm.

Winsener Straße 23 • 21271 Hanstedt
Telefon 04184/8010, Fax 801333
info@hotel-sellhorn.de
www.hotel-sellhorn.de

RINGHOTELS

STADT WINSEN (LUHE)

Gans schön pfiffig.

Die Stadt Winsen/Luhe hat durch ihre einmalige Lage zwischen Elbe und Lüneburger Heide für den Erholungssuchenden eine Menge zu bieten:

- Reizvolle Landschaft zum Wandern, Fahrradfahren, Segeln und Golfen
- Historische Altstadt zum Bummeln, Einkaufen und Verweilen
- Abwechslung bei einer Vielzahl von Märkten und Festen

**Info und Prospekte: Tourist-Information
Rathausstraße 11 · 21423 Winsen (Luhe)
Tel. 0 41 71 / 65 71 21 · Fax 0 41 71 / 65 72 31
e-mail: bürgerinformation@stadt-winsen.de
www.winsen.de · www.winsen.de**

Freilichtmuseum am Kiekeberg.

Geschichte erleben!

- erlebnisreiche Aktionstage von Treckertreff bis Schlachtfest
- 30 historische Gebäude und Ausstellungsgebäude
- 12 ha Freigelände mit Bauerngärten und Obstwiese
- alte Nutztierrassen und historische Obst- und Gemüsesorten
- Ausstellung „Petticoat und Frontlader"
- historischer Gasthof mit regionalen Spezialitäten
- Museumsladen mit Produkten aus der Region

FREILICHTMUSEUM AM KIEKEBERG

21224 Rosengarten-Ehestorf / Tel. 040/790 176 0 www.kiekeberg-museum.de

Landesgartenschau Winsen (Luhe) 2006

Vom 21. April bis 15. Oktober

Vor den Toren Hamburgs erblüht ein besonderes Highlight für einen unvergesslichen Tagesausflug. Genießen Sie die Natur mit allen Sinnen und tauchen Sie ein in duftige Blumenmeere. Erleben Sie faszinierende Gartenlandschaften inmitten knorriger Bäume.

Besonders praktisch: Mit dem Zug fahren Sie vom Hamburger Hauptbahnhof aus im HVV-Tarif in nur 22 Minuten bequem nach Winsen.

www.landesgartenschau-winsen.de

Landesgartenschau Winsen (Luhe) 2006
Eine blühende Fantasie.

Erholung und Ausflüge im Lüneburger – Heideland

Lüneburger Heideland

Elbe und Heide vor den Toren Hamburgs

Erholung und Freizeitspaß, wo die Elbe und Heide am schönsten sind.

Natur pur · Freizeitparks · viele Tagestouren · Wandern · Segeln · Radfahren · Reiten · Paddeln

Weitere Informationen: Lüneburger Heideland Touristik GmbH · Rathausplatz 4 · 21244 Buchholz i.d.N.
Tel.: 04181/969696 · Fax: 04181/969697 · info@lueneburger-heideland.de · www.lueneburger-heideland.de

Tagen, Entspannen und Genießen in der Lüneburger Heide

Hof Sudermühlen
Hotel • Restaurant

Hier im Städtedreieck zwischen Hamburg, Bremen und Hannover finden Sie alles, was man fürs Wohlfühlen braucht. Für Festlichkeiten aller Art, Tagungen und für Ihren nächsten Familienurlaub sind wir die richtige Adresse. Wir bieten für jung und alt: Kutschfahrten, Reiten, Radfahren und Wandern auf autofreien Wegen, ein großes Schwimmbad, Sauna, Solarium, Tennis und vieles mehr. Außerdem können Sie unsere großzügigen Stallungen nutzen und Ihr Pferd direkt bei uns versorgen lassen. Rufen Sie uns an und erleben Sie unseren Service, der Ihren Wünschen entspricht!

21272 Egestorf/Nordheide • Telefon 04175/8480 • Fax 04175/1201

Gemeinde Seevetal

liegt in der reizvollen Landschaft zwischen Elbe u. Heide am Südrand Hamburgs.

Die Hamburger Innenstadt ist in 20 Minuten zu erreichen. Den Reisenden kann Erholung und Abwechslung gleichermaßen geboten werden. Bootssport auf der Elbe, Surfen und andere Freizeitaktivitäten auf und an künstlich entstandenen Binnenseen sind ebenso möglich wie Reiten, Golf, Tennis, Angeln und Segelflug. Große Waldgebiete laden zu Wanderungen und Ausflügen ein.
Eine gepflegte Gastronomie in gemütlichen Hotels und rustikalen Gasthöfen in zum Teil idyllischen Dörfern sorgen dafür, daß der Gast sich wohlfühlt.

Unterhaltung: Wildparks in der Nähe, rustikale Diskothek in der Hittfelder Mühle. Die verkehrsgünstige Lage, im Schnittpunkt der BAB A1 und A7 mit den Anschlußstellen Ramelsloh, Maschen, Hittfeld und Fleestedt, macht Seevetal zum bevorzugten Tagungsort.
Sehenswürdigkeiten: Feldsteinkirche mit hölzernem Glockenturm aus dem 12. Jahrhundert, Stiftskirche in Ramelsloh, größter europäischer Verschiebebahnhof in Maschen, Hünengräber im Klecker Wald. Für Übernachtungen stehen in Seevetal 494 Betten in Häusern zur Verfügung.

Auskunft: Gemeinde Seevetal ☎ 04105/55-291, Fax: 04105/55-290, Internet: www.seevetal.de, e-mail: poststelle@rathaus-seevetal.de

Landidyll Hof Tütsberg

LEBENDIG LÄNDLICH

Aktiv ausspannen in der Lüneburger Heide!

Genießen Sie zu Fuß, mit dem Rad oder auf dem Rücken der Pferde den Naturschutzpark.

20 Gästepferdeboxen und ca. 400 km Reit- und Wanderwege warten auf Sie.

www.tuetsberg.de
info@tuetsberg.de
Tel.: 05199 - 900
Fax: 05199 - 9050

Fordern Sie bitte unser Prospekt an: **Landidyll Hof Tütsberg • Im Naturschutzpark • 29640 Schneverdingen-Heber**

Erholung und Ausflüge
Südlich der Elbe

Schneverdingen

... mehr als Lüneburger Heide!

- **Wandern, Radfahren und Reiten im Land der Heidekönigin**
- **Gemütliche Kutschfahrten durch die Heide**
- **Romantische Schäferabende im alten Schafstall**
- **Zimmervermittlung in Schneverdingen und den zehn Heidedörfern**

Schneverdingen Touristik
Schulstraße 6 a, 29640 Schneverdingen
Tel. (0049-5193) 93 180, Fax 93 184
Email: touristik@schneverdingen.de
www.schneverdingen-touristik.de

Man trifft sich in der Börde Sittensen

Genießen Sie eine weite Kulturlandschaft mit Wäldern, Wiesen und Mooren

Informationen beim Touristikbüro der Börde Sittensen
Am Markt 11, 27419 Sittensen, Tel. 04282-930049
www.Sittensen.de, E-Mail: Touristik@SG.Sittensen.de

STADT ZEVEN

- 14.000 Einwohner • Ausflugs- und Ferienort mit Rad- und Wandermöglichkeiten, Trimm-Dich-Pfad, Waldlehrpfad, Abenteuerspielplatz, Grillplatz
- Campingplätze, Hotels, FeWo/-häuser, Gastronomie mit regionaltypischem Angebot
- Städt. Galerie im Königin-Christinen-Haus mit Skulpturengarten, Museum Kloster Zeven, St. Viti-Kirche, Feuerwehrmuseum Zeven, Wassermühle Bademühlen, Spielzeugmuseum

Tourist-Info: 27404 Zeven, Tel. 04281/716-106
Internet: www.zeven.de, E-Mail: samtgemeinde@zeven.de

Am Kurpark 3, 29456 Hitzacker
Tel.: 05862-977-0 Fax: 977-350

PARKHOTEL HITZACKER

Urlaubspaß Hotel
Badevergnügen, Beauty
Wellness, Entspannung
Radfahren, Wandern
Inlineskaten, Hochseilklettern
Tennis, Golf oder einfach fallen lassen.
Ihre Hängematte empfängt Sie sanft und wohlig
Ihr Parkhotel Team

Ihr Ziel in der Elbtalaue!

Erleben Sie die neue Naturausstellung in Bleckede und die Faszination des Fliegens. Begleiten Sie den Vogelzug der Gänse in die Elbtalaue oder schauen Sie einem Storch live ins Nest. Wir haben für Sie ganzjährig geöffnet: von April bis Okt. tägl. (außer Mo.) von 10.00 bis 18.00 Uhr und von Nov. bis März tägl. (außer Mo. und Di.) von 10.00 bis 17.00 Uhr

ElbSchloss Bleckede
Schlossstr. 10 · 21354 Bleckede
Tel.: 05852/9514-0 · Fax: -99
info@elbschloss-bleckede.de
www.elbschloss-bleckede.de

ElbSchloss Bleckede
Natur erleben an der Elbe

Erholung und Ausflüge
Südlich der Elbe

Erholung und Ausflüge Nordseeküste + Elbe

Erholung und Ausflüge Nordseeküste – Elbe

Seepavillon Donner ★★★★

Der Fensterplatz am Tor zur Welt

5 Autominuten zur ENGLANDFÄHRE unmittelbar an den HELGOLAND und NEUWERK Anlegern
Panoramarestaurant am Elbstrom – Schiffsmeldedienstdurchsage, für Begegnungen und Treffen, Konferenzen und Tagungen, Fischspezialitäten

Bei der Alten Liebe 5 • 27472 Cuxhaven • Telefon (0 47 21) 56 60
Telefax 56 61 30 • E-Mail: donner.seepavillon.cuxhaven@t-online.de
www.seepavillon-donner.de

Ziel für Aktive: Bad Bederkesa am See

- **Verwöhnziel:** Massagen, Packungen und vieles mehr... Entspannung und Fitness in der Moor-Therme!
- **Kulturziel:** Historische Burg, alte Mühlen, Moorbahn, Moorerlebnispfad, Museen – spannend für Jung und Alt!
- **Spaßziel:** Badeland, Wassersport, Reiten, Golf... für jeden etwas dabei!
- **Erlebnisziel:** Hier ist immer was los – etwa beim Mittelalterlichen Burgfest. Fordern Sie unser Jahresprogramm an, und feiern Sie mit!

Erfahren Sie mehr: Touristinformation, Amtsstr. 8, 27624 Bad Bederkesa,
Tel. 0 47 45 / 94 33 - 5, Internet: www.bad-bederkesa.de

DIE WINGST

FERIEN BEI FREUNDEN

Kurverwaltung Wingst 04778 -81200 www.wingst.de

Zoo in der Wingst
www.wingstzoo.de

Spiel- und Sportpark Wingst
www.wingst.de

Badhotel Sternhagen

Das Nordsee Vital- und Thalasso-Hotel

Eine Philosophie, die Luxus und kulinarische Erlebnisse vereint.

- „Duhner Spa", Original Nordsee-Thalasso-Therapie-Center mit Schönheitsfarm und Nordseewasser-Pipeline
- Thalgo Cosmetic
  Hanni Glatt: Entgiftungs- und Entschlackungswickel
  Ligne St. Barth,
  nur in Luxushotels und SPA's
- Panorama-Gourmet-Restaurant „Sterneck", mehrf. ausgezeichnet, Panorama-Restaurant „Badhotel", „Ekendöns", Confiserie
- Dünen-Weinkeller auf 3 Ebenen
  „Wine spectator":
  „Best of Award of Excellence",
  „Der Metternich": „5 Flaschen".

Familie Jürgen Sternhagen
Cuxhavener Straße 86 · 27476 Cuxhaven
Tel. 0 47 21/434-0 · Fax 434-444
sternhagen@badhotel-sternhagen.de
www.Badhotel-Sternhagen.de

Erholung und Ausflüge

Alles klar in BUXTEHUDE

Informationen und Prospekte:

- **Stadtführungen durch die historische Altstadt von Buxtehude**
- **Führungen durch das Alte Land - Bimmelbahnfahrten**
- **Fahrrad-Vermietung - Tages- und Wochenendtouren für Gruppen und Vereine**
- **Erlebnis-Brauerei im Zentrum - Museum**

Genießen Sie die Flethromantik in der Hanse- und Heimatstadt von Has' und Igel.
Stadtinformation Buxtehude • Stavenort 2 • 21614 Buxtehude • Tel. 0 41 61/501 - 297 • Fax 501 - 298

HOTEL AM STADTPARK
Bahnhofstr. 1, 21614 Buxtehude
Telefon (0 41 61) 50 68 10, Fax (0 41 61) 50 68 15

- 20 Zimmer mit Dusche, WC, Telefon, Farb-Kabel-TV, Radiowecker, Haartrockner und Minibar
- Parkplatz, Tiefgarage • Konferenzraum
- Zentrale Lage • Wochenendangebote

Ferien auf der Heid'

Hotel
Restaurant
Café
Biergarten
Durchgehend warme Küche von 11.30–22.00 Uhr, Restaurant Montags Ruhetag

Wohlfühlen & Genießen

Wir bieten Ihnen den passenden Rahmen für Familienfeiern, Betriebsfeste, Tagungen und Seminare. Lassen Sie sich von frischen, regionalen Gerichten, von Spezialitäten, von saisonalen Köstlichkeiten, sowie vom Grillbüffet im Sommer oder diversen Kürbisvariationen im Herbst verwöhnen.

Karlsteinweg 45-47, 21279 Eversen Heide
Telefon 0 41 65 97 230, Fax 0 41 65 97 23 49
ferien-auf-der-heid@t-online.de · www.ferien-auf-der-heid.de

BUXTEHUDE•MUSEUM
für Regionalgeschichte und Kunst

Stavenort 2
21614 Buxtehude
Tel. 04161/501-241 • Fax 501-298
www.buxtehude.de/museen
Geöffnet: Di-Fr 14.00 - 17.00 Uhr
Sa-So 11.00 - 17.00 Uhr
und nach Vereinbarung

Erfahren Sie im Heimatmuseum mit seiner malerischen Fassade alles über den Wettlauf zwischen Has' und Igel, über Wohnkultur und Handwerk der alten Hansestadt, lassen Sie sich im modernen Museumstrakt überraschen von sakraler Kunst, von einem begehbaren Gemälde des britischen Künstlers Michael Craig-Martin sowie von einem Blick auf Buxtehude im Zeitalter der Industrialisierung.

Metropolregion

Romantische Kutterfahrt in Glückstadt

Unternehmen Sie mit Ihrem Schatz eine romantische Fahrt auf dem Krabbenkutter – an Bord nur Sie beide und Kapitän Sir Henry. Das sauer lustig macht, spüren Sie beim deftigen Fischerimbiss mit „Original Glückstädter Matjes“. Wieder an Land zurück, erwartet Sie ein romantisches Reetdachhaus. Bei Prosecco und Kerzenschein wünschen wir Ihnen eine angenehme Nacht.

Preis pro Person 99,- • Buchbar von Mai bis September

Information und Buchung
Tourist-Information Glückstadt | Große Nübelstr. 31 | 25348 Glückstadt
Telefon 04124-937585 | Telefax 04124-937586

Schulauer Fährhaus

Restaurant - Café - Cafégarten
mit der **Schiffsbegrüßungsanlage**

Willkomm-Höft

Für Erwachsene und auch für Kinder - immer ein Erlebnis!
Einzigartig auf der Welt!
mit **Buddelschiff- & Muschel-Museum**
Parnaßstraße 29 · D-22880 Wedel
Tel.: 04103 / 92 00 0 · Fax 04103 / 92 00 50
Täglich geöffnet!
Ob es regnet oder die Sonne lacht, Windstille oder Sturm,
hier ist es immer interessant!
Erleben Sie die großen Schiffe hautnah!
Eigener Schiffsanleger!
Ideal auch für Firmen- & Familienfeiern!